U0573940

全球基础教育研究联盟蓝皮书

Blue Book of Global K-12 Education Research Association

全球视野下的
学生健康教育

全球基础教育研究联盟成员校的
育人愿景与实践行动

强新志　主编

北京师范大学出版集团
BEIJING NORMAL UNIVERSITY PUBLISHING GROUP
北京师范大学出版社

本书编委会

总顾问： 顾明远

顾　问：（排名不分先后）

　　　　董松寿　谷公胜　刘宝存

　　　　刘江义　聂延军　石中英

　　　　谢　军　杨银付　杨玉春

　　　　〔英〕Alexander Tardios　〔英〕Andrew Tardios

　　　　〔澳大利亚〕Brad Campbell

　　　　〔美〕Elizabeth Chung　〔丹麦〕Elsebeth Gabel Austin

　　　　〔美〕Lisa Remy

　　　　〔瑞典〕Maria Wolfhagen　〔丹麦〕Nils-Georg Lundberg

　　　　〔卡塔尔〕Susan Borden

　　　　〔瑞典〕Ulf Olsson　　〔美〕William Fish

主　编： 强新志

副主编： 裴红霞　李红霞

编　辑： 段　飞　牛楠森　黄蜀红　钱文琴

翻　译： 钱文琴　殷恩惠　温　琪　刘　怡

审　校： 邓建梅　姜娣红

1

前　言

　　全球基础教育研究联盟（以下简称"联盟"）成立于 2014 年 10 月，由石家庄外国语教育集团发起，由中国、美国、加拿大、澳大利亚、新西兰、英国等 18 个国家的 100 多所学校共同组建。

　　联盟自成立以来，始终坚持致力于全球基础教育领域的比较与研究，放眼全球，为基础教育的发展探索方向，为世界各地的中小学教育工作者搭建共同研究、探讨教育改革与发展的平台，为促进学校质量提升和师生的共同发展、培养适应未来社会的人发挥积极的推动作用。

　　联盟每年召开一次年会，不断吸收来自世界不同国家的中小学校加盟，每届年会围绕不同主题展开研讨。

　　2018 年 10 月 12 日至 16 日，联盟第四届年会在石家庄外国语教育集团隆重举办。该届年会以"全球视野下的学生健康教育"为主题，来自中国、美国、英国、加拿大、澳大利亚、新西兰、丹麦、意大利、西班牙、德国、哥斯达黎加、荷兰12个国家的500多人与会。

会议中，中外专家围绕主题，分组研讨并做专题报告，从"健康与健康教育""健康教育与学校教育""心理教育与体育教育""健康教育与国际交流"等多个角度，共同探究促进学生健康的主要途径。

为进一步巩固扩大年会成果、广泛传播年会声音，联盟现将年会主要内容撷其精华结集出版，以飨读者。

目　录

年会共识

夯实构建人类命运共同体的健康之基

——来自全球基础教育研究联盟第四届年会的声音

我们，来自中国、美国、英国、加拿大、澳大利亚、新西兰、丹麦、意大利、西班牙、德国、哥斯达黎加、荷兰12个国家的全球基础教育研究联盟第四届年会的500多名与会者，于2018年10月12日至16日，齐聚中国河北省石家庄外国语教育集团，围绕"健康教育"主题进行了深入交流与全面研讨，就"健康与健康教育""健康教育与学校教育""心理教育与体育教育""健康教育与国际交流"等共同关切的话题，达成共识。

健康是人的身心和谐、社会适应、自我感知的良性发展状态，是人的全面发展的必然要求，是美好人生的重要基础。学校教育的首要任务是要服务于学生的健康成长。开展广泛、深入、系统、全面的学校健康教育是现代学校育人工作的基本命题；实现学生身心和谐发展、社会适应良好、自我感知协调，是每一所学校教育教学工作的根本任务。

健康教育是全社会共同参与，旨在引导全民形成健康的行为和生活方式的社会教育活动，是立足全人群和全生命周期的、从胎儿到人生命终点的全程健康服务和保障过程。学校健康教育以丰富学生健康知识、增强健康意识、提高健康技能、养成健康习惯、培养健康心理、增强健康体质当目的，促进人的全面发展，实现人的身体、精神、社会与自我感知协调发展的专门教育活动，是提高全民健康水平的关键抓手。

积极推进健康教育领域的国际合作，形成学校健康教育合力，是全球基础教育研究联盟各成员单位以及全世界各国家和地区教育工作者的共同愿望，是跨越民族差异、国别差异、语言差异、文化差异的共同行动，是增进教育理解、推进国际合作、加强人文交流的共同选择。

学校健康教育的基础性、全局性、战略性地位和作用在国际社会得到普遍重视，但也面临政策保障、资金投入、广泛合作等方面的现实困境，国际合作有待进一步加强。为此，我们主张，学校健康教育要牢固树立"健康第一"的教育理念，要面向全体学生，要着眼于学生美好人生的发展，加强学校与社区、家庭、社会的合作，促进国际交流，将健康教育贯穿学生成长全领域、全过程，并提出如下倡议。

一、坚持健康第一的教育理念

把学生生命安全、身心健康放到第一位，将学生健康作为学校工作基本价值目标，将学校各方面工作都聚焦到促进学生健康成长中来，牢牢把握学校健康教育的目标和方向，杜绝一切损害学生健康发展的错误育人观念和行动。

二、坚持健康教育贯穿人生全程

健康教育是终身教育，要从胎儿期做起，要延伸到人的生命全程。学校健康教育要与学生人生不同时期的社会教育力量积极配合，充分开发各类社会资源，形成健康教育的合力。

三、坚持推进健康教育课程的有机衔接

学校要着眼学生健康发展的完整过程，着力构建有机衔接的幼、小、初、高健康教育课程目标和内容体系，着手推进课程内容与其他学科的整合与融合，积极开发科学、特色、多元的健康教育课程资源，为健康教育的科学实施提供有力保障。

四、坚持打造专业特色的健康教育师资队伍

学校要把握实践教学与理论指导的双动力，形成教研相长的教育机制，构建起从事健康教育的一线教师队伍和研究健康教育的研究队伍，实现教师发展贴合实践需求、契合时代要求，扎实推进理论、实践双向交流。

五、坚持推进层次多样的健康教育活动

学校要多渠道开展健康教育，提高教师的专业素养；多形式开展健康实践，增强学生的自尊与自信；多层次开展健康活动，引导多方力量参与；多元化开展健康评价，促进学生多元发展；多载体开展健康宣传，营造健康教育的浓厚氛围。

健康无国界，教育有共识。我们希望，全球基础教育研究联盟在学生健康教育领域广泛交流，深入合作，促进各国学生身心健康发展，增进相互了解，树立为人类和平与发展贡献智慧和力量的远大志向，共同努力为人类命运共同体的构建夯实健康之基。

年会撷英

为学生健康幸福奠基

——中国石家庄外国语学校 15 年体育衔接教育实践

窦永革

早在 2000 年，石家庄外国语学校校长强新志就提出成立健康中心。我们成立健康中心之初，组建了由心理教师、校医和体育教师为主的研究小组，研究方向包括卫生健康、心理健康和体育运动健康。今天，我主要围绕体育运动健康来讲。

世界卫生组织对于健康的定义是，健康不仅是没有疾病，而且包括生理健康、心理健康、社会适应健康和道德健康。中共中央总书记、国家主席、中央军委主席习近平同志在 2018 年 9 月 10 日全国教育大会的讲话中强调指出：要树立健康第一的教育理念，开齐、开足体育课，帮助学生在体育锻炼中享受乐趣、增强体质、健全人格、锤炼意志。

习近平对基础教育的体育课给予重视，开齐、开足体育课是针对当下应试教育的弊端提出的。例如，有的学校为了追求升学率不开体育课，有的学校为了文化课可以随意挤占体育课。开齐、开足体育课，也是对我们基础教育体育教育工作的恳切期望。

首先，我介绍一下石家庄外国语教育集团的指导思想。强新志校长是石家庄外国语学校的第一任校长。他带领我们干部教师在研究教育工作的时候常说："我们一定要有大的教育观，不能仅就学校谈教育，而要跳出学校看教育，跳出升学看质量，跳出分数看人才。"

早在1994年建校之初，学校就提出了"以人为本"的办学理念和12字的培养目标。我们对"以人为本"的办学理念理解为三个层次。第一，学校要以社会为本；第二，校长要以教师为本；第三，教师要以学生为本，体现了教师服务学生的功能。教师要尊重学生的人格，遵循教育规律和学生成长规律，努力为学生的健康成长创造广阔的空间。

"爱国、交际、协作、文明、健康、创新"，这12字的培养目标让学生终身受益。其中"健康"是指培养学生身心健康，使学生永远充满活力和激情。

在这里，我主要从石家庄外国语教育集团幼、小、初、高15年衔接的体育健康工作实践中，与大家分享经验。我们的理念是：用课程确保学生的体育锻炼。学校为此加大体育设施投入，增加体育课时。到目前为止，建设的场馆有田径场 2 个，篮球场 13 个，排球场 8 个，11 人制标准足球场 1 个，7 人制足球场 3 个，健美操馆 5 个，羽毛球场地 8 个，武术馆 3 个，室内乒乓球台 50 个，体操馆 2 个，滑冰馆 1 个，游泳馆 1 个，现在我们正在投资 300 多万元筹建滑雪场。

我们从 2000 年开始增加体育课时，将国家规定的一周 2 节体育课增加为 4 节，还有 1 节体育课外活动。学校为此招募优秀的教师，扩充教师队伍，目前集团有体育教师 60 余人。

足球、篮球、排球、乒乓球、羽毛球、健美操、体操、武术、游泳、滑冰、滑雪、田径 12 项体育课程作为集团必修课程分阶段、分层次开设，每个学生都要掌握 12 项体育运动的基本技能和规则。

15 年衔接教育的目的是能有效减少重复，实现各学段之间的无缝对接；有力促进学生身心和谐发展，为学生的健康成长奠基；能够促进优势教育资源共享，实现教育品牌辐射效应。

15 年体育衔接教育理念要用课程设计做保证，为此，我们集团制定了不同学段的学习理念：幼儿园，游戏加体验；小学，注重培养兴趣和习惯；初中，为全面发展打好基础；高中，树立远大理想，做好人生规划。为此，我们也制定了各学龄段体育教育的目标，我在这里不一一赘述。

对于体育衔接课程的设置，我们主要分三部分。幼儿园开设的体育课程以游戏为主，围绕篮球、足球、武术、健美操、跳绳、轮滑、攀爬、投掷等开展游戏，我们要求学生全部掌握以上项目。

小学开设的体育课程包括篮球、足球、武术、健美操、田径、乒乓球、羽毛球等；另外，还有"五小运动"：跳绳、呼啦圈、踢毽子、抖空竹、轮滑，我们要求学生全部掌握。

中学开设的体育课程包括篮球、足球、武术、健美操、田径、乒乓球、排球、体操、游泳、滑冰等，面向全体学生，我们要求全部掌握。

我们将幼、小、初、高的体育课程分为五等，幼儿园和小学的体育课为水平一至水平三，中学为水平四至水平五。幼儿园的体育课程内容是依据小班、中班、大班不同年龄阶段特点开展的情境化游戏课程，循序渐进地提高学生的学习兴趣和综合能力。小学阶段的体育课程则是根据小学阶段学生特点，以游戏形式为主，与幼儿园大班进行有效衔接。

以下就是我们的小学体育课程设置和轮换方式。小学一年级和二年级是固定教师，班级固定，内容按照学年排列，两个月轮换一次。水平二和水平三，也就是三年级至六年级，每一学期轮换一次。这里还有我们的"五小运动"。"五小运动"在一至六年级分别设有不同的适应项目及相应的达标要求。

我们的初中课程围绕着篮球、足球、武术、健美操、田径、乒乓球、排球、体操、游泳、滑冰 10 个体育专项的知识与技能，每 4 周轮换一个项目，七、八年级所有课程要上两轮，教师固定。

高中是按照水平五阶段设置，必修课程包括足球、健美操、排球、篮球、田径。上面提到的初中的 10 个项目也是高中的选修课。

接下来我介绍一下石家庄外国语教育集团幼、小、初、高足球课程构建及评价系统。在幼儿园阶段，因为学生年龄小，课程更多的是对活动内容的描述，而不存在是否达标，更多关注学生的参与。其上课时间小班为 25 分钟，中班为 30 分钟，大班为 35 分钟，具体内容围绕直线带球、远距离射门、保护恐龙蛋等情景游戏开展。

从学习内容的课程构建和时间比例来看，我们的中、小、幼又有所区别。虽然内容相同，但是所占的比例有所不同。例如，在小学阶段，考勤占到 40%，体育健康测试占到 30%，专项技能占到 30%，也就是"四三三"格局。小学的教学更多关注学生的参与度。到中学，课程内容比例有所变化，同样是考勤、体育健康测试和专项技能，但它们是"一三六"的比例，更多侧重于学生对运动技能的掌握。

教学内容也是根据幼、小、初、高不同学段特点设置的。幼儿园的教学内容是游戏，小学水平一的教学内容也是游戏，水平二和水平三就逐渐涉及简单的技能，让学生在活动中体会运动的内在魅力。

为了加强体育健康工作，全面提高学生的健康水平，我们集团制定了"体质健康先进班集体"评选细则。例如，小学阶段，参选班级的体育健康测试合格率必须达到 100％，良好率达到 50％，优秀率达到 15％，才能成为"体质健康先进班集体"；中学阶段，参选班级的体育达标率必须达到 95％，良好率达到 50％，优秀率达到 10％，才能被评为"体质健康先进班集体"。

同时，我们对"体质健康先进班集体"评选采用了"一票否决制"。若班级及格率达不到 95％，将被"一票否决"，不能参加"体质健康先进班集体"的评选。中小学评选标准一样。

15 年体育衔接的理念是要在校园课外活动方面给予支持。例如，我们的幼儿园每天上午、下午各 1 小时的户外活动，这是根据整个幼儿园的课程安排的相对应的户外活动，这是有计划、有安排、有内容的。小学的课外活动，也就是"五小运动"，包括跳绳、呼啦圈、踢毽子、抖空竹、轮滑，这些活动不受场地、时间、人员的限制，要求学生全部要过关。其中，我们也注重为整个教育阶段体育的衔接打基础。例如，幼儿园的轮滑课就是为中学的滑冰课打下坚实的基础，让学生能够尽快进入学习状态。

中学课外活动很多，其中有每天 30 分钟的大课间活动。关于一年春秋两季的学生运动会，我们集团要求每人每年必

14

须至少参加一次，让每位学生都能体验竞技比赛的魅力。我们认为参与的过程就是最好的锻炼和培养。中学的课外活动还包括足球、排球、乒乓球、篮球等专项课程结束后的班级对抗赛或者挑战赛，还有学生的团队跑比赛、团队异程接力赛等。

15年体育衔接教育的理念需要家校双方的支持，如幼儿园的亲子活动和亲子运动会。幼儿园小班和中班的亲子活动是以爸爸为主。大家会问为什么是爸爸呢？中国教育的传统模式都是妈妈带、妈妈养，爸爸工作忙。但是我们学校更加注重父母双方共同关注孩子的成长，所以，开展的亲子活动要求爸爸和孩子一起参加，妈妈是啦啦队的成员。我们通过活动营造温馨的家庭氛围，让父母共同关注孩子的成长，让孩子感受到父母的陪伴。

家长开放日活动是为了让家长了解学校的体育健康工作，同时也更多了解学生在学校的表现，重视学生体育锻炼。15年体育衔接教育的理念要用课题研究引领，为了使我们的课题研究更加科学、深入，我们向国家申请的"幼小初高15年体育健康衔接的体育课程体系构建研究"被国家立项。

下面与大家分享两个学生的成长经历。齐天惠曾是我们学校乒乓球队的队员，现在是国家一级运动员。她于2014年毕业于清华大学，获得硕士学位，现就职于中国教育部。她在给母校的信中写道："我从小学到高中毕业，有幸在石家庄外国语学校就读，从小在不耽误学习的情况下，接受了乒乓球教练的专业指导，得到了长足的进步。比赛锻炼了我拼搏的精神，培养了我抗挫折能力，让我在理想的天空中有自由翱翔的能力。学校教师以学生为本的理念，让我受益匪浅！"

周嘉婧曾是我们学校的一名普通学生，现在是国家田径一级运动员。2010 年，她被清华大学录取，现在在清华读博士。她在给母校的信中写道："让我最骄傲、最难忘的一段人生经历就是在母校学习的经历。它改变了我的一生。在学校，我上过游泳、篮球、体操、排球、足球、保龄球、乒乓球等多门体育课程，这是在别的学校不可能学到的技能，也正因如此，我对体育产生了浓厚的兴趣，体会到了体育的魅力。最终，我凭借体育特长被清华大学录取。感谢母校对我的培养！"

在发言的最后，我想用强新志校长在他的著作《办学路上行与思》中的一句话作为结束语：

学校教育的根本目的在于关注并促进人的成长，这应该贯穿于学生从幼儿园教育直至大学教育的始终。15 年衔接教育的研究是关爱、关心、关注生命成长的新模式，是激发人的生命活力，为提高人的生命质量而努力的社会活动。

健康教育：身体、心智和精神的平衡结构

——美国古德康索高中体育教育实践

托马斯·坎贝尔

首先，请允许我表达我的感激之情，感谢有机会与全球的教育工作者齐聚一堂，分享我们在体育教育课堂内外的重要做法。我先对我们学校进行简要描述，以此作为背景介绍我们的教育理念和实践。

我校位于华盛顿特区以北马里兰州奥尔尼市的一个社区，距离华盛顿特区约45分钟车程。在《财星杂志》（*Fortune*）最近评选的美国最佳居住地中，该社区位列第17位。作为一所男女同校的高中，每年九至十二年级招生数量约为1270名学生，这使得我们成为马里兰州最大的私立高中。其中，国际学生数量约占4%。我

校两次荣获美国教育部"蓝丝带学校"(授予全国前 15％学校之荣誉)称号。

我校教育理念的核心是切实为各类学生群体提供教育。在课程方面,学校课程包括国际文凭课程,先修课程,STEM 课程[STEM 是科学(Science)、技术(Technology)、工程(Engineering)、数学(Mathematics)四门学科英文首字母的缩写],标准大学预科课程,以及为有学习障碍的学生开设的课程。学生不局限于一个课程项目,可以跨项目参与课程,以便优化挑战性。学校根据学生兴趣制定课程。

在课堂之外,古德康索高中提供冠军级别的体育课程、屡获殊荣的美术课程,以及 50 多个俱乐部和活动,旨在帮助学生认识并追求自己的热爱之事,不管他们热爱的是机器人、政治、动漫、医学还是其他方面。日程安排和学生咨询课程旨在帮助学生在严谨的学术与卓越的课外活动之间取得最佳平衡。

将我们的体育课程置于此背景中,有助于了解在我校毕业的学分要求。课程要求以学分为计算标准,1 学分相当于 1 学年或约 110 小时的课堂教学。英语、数学等学科要求每科 4 学分,社会科学课程 3.5 学分,科学 3 学分,体育教育 1.5 学分,美术和计算机各 1 学分。此外,学生可从其他任何学科中选择至少 6 学分以完成课程要求。

了解我们的体育教育方法,有助于理解我们的体育教学理念。我们相信健康的身体能最大限度地使心智健全发展。

体育教育课程力求在重视身体锻炼、如何适当运动、合理营养、确立切实可行目标、保持身心最佳平衡等方面对学生进行指导。

健康教育的基础课程是健身与健康，所有九年级学生都需要修这个 1 学分的课程。本课程以健身为根本，帮助学生学习并实践运动基本原理。该课程关注心血管耐力、肌肉力量和灵活性，学生可以进行慢跑(或者行走)，在体能房锻炼或者进行核心锻炼。学校根据学生在跑步、卧推、1 分钟仰卧起坐和坐位体前屈这几个方面的进步对他们进行评估。本课程关注学生个人体能的提高，所以，不管是天才型运动员还是在脑力方面更有天分的学生，我们都可对其进行公正评分。该课程在学习中将锻炼个性化，以实现个人目标，增强自信心。健身约占课程的 75%，健康占剩余的 25%。

课程中的健康部分侧重学习合理摄取营养、使用药品和酒精的影响、心理健康的各类挑战和传染病。

在高中的几年，学生必须额外多修 0.5 学分(半年)的体育课程。可选课程包括团体运动、体能训练、综合体能训练、瑜伽、有氧运动、运动训练防护。这些课程包含了体育教学的各个方面，能够吸引各类学生团体。我们的目标是为每个学生提供课程。不管学生感兴趣的是团体运动、力量改善、提高身体柔韧性的瑜伽，还是侧重损伤预防和治疗的运动防护类对体能要求不多的课程，我们都尽量满足学生。

课堂以外，我们学校提供大量的课外活动。这些课外活动包括 25 个校队水平的校际活动，活动时间贯穿春、秋、冬三季。有课堂上建立的基础，我们的运动队与全国其他几个名列前茅的运动队相比也极具竞争力。这些队伍包括足球队、女子曲棍球队和橄榄球队。每年我校输送几十个毕业生参与大学体育运动。古德康索高中也有许多校友在世界奥林匹克运动会的舞台上发挥专长。他们都懂得体育活动和健康的价值。

我校在赛季对学生进行训练。此外，我们的体育课程还为学生提供机会进行全年体能训练。每学年，我们可提供举重训练和心血管训练。夏天体育设施也向学生运动员开放，职员也在岗。许多学生参加所选运动所在的俱乐部，可整年持续发展其体育技能。

运动队的表现是我们学校的骄傲。体育运动会激发学校精神，每周五晚的足球比赛就是一个很好的例子。比赛定期吸引 5000 多名观众，还有行进乐队、彩球队和啦啦队的表演。后援俱乐部领导下的学生观众会为每次主场比赛定义一个独特的主题，如沙滩之夜、彩色跑步和万圣节。

我们有合格、敬业的职员，他们为我校众多活动提供支持。职员包括 5 名教师，每位教师都持有资质证书，学历为本科以上，其中 3 人有硕士学位。除了教学职员，还有体育指导员和助理指导员管理我们的运动队和教练。这些职员负责安排比赛和裁判，完成管理要求，对教练进行评估，为球类运动安排场地。3 位运动防护师负责照料学生运动员。运动防护师保证每位运动员有由医生完成的体格检查并存档，监控运动员训练和比赛情况并治疗伤病。我们的首席运动防护师今年凭借其专业性被列入了马里兰运动防护师协会名人堂。最值得一提的是，他开发了治疗脑震荡的方案。每年都有超过 3 个实习学生协助运动防护师组织对学生实行基本损伤的治疗。

总之，作为一所高中学校，体育教育是我们办学理念的重要一部分。研究表明，体育活动不但有益于身体健康，而且对心理健康也有很多益处。随着科技的发展，人们的久坐趋势不断增强，焦虑和抑郁带来的挑战更大。我们认为，教会我们的学生如何过积极健康的生活比什么都重要。我们的课程目标是教会学生照顾自己的身体，终身健康才能达到终身学习。不管学生是作为团队的一员积极参加活动，还是为个人利益参加体育运动，我们的目标是向学生传递他们需要的知识以保证他们的心智、身体和精神的健康。

再次感谢主办方邀请我，也感谢有机会与各位交谈、参加此次盛会。我很乐意回答任何与我们项目相关的问题，也很乐意分享能帮助到大家的更多信息。谢谢大家！

基础教育阶段终身体育运动的重要性

——美国多纳尔森学校终身健身课程实践

基思·M. 辛格

缺乏全面的体育健康教育课程将不利于学生身心发展。目前，这一问题及潜在的长期性危害导致出现各种令人沮丧的结果。统计数据显示，美国超重和肥胖学生数量有所增加，这点在田纳西州尤为明显，尽管在美国，该州超重和肥胖学生数量最少。

联邦基金会是一家私营医疗保健基金会，根据其发布的健康"记分卡"，田纳西州38％的学生及31％的美国人被认定为超重或肥胖。该数据取自2016年美国儿童和青少年健康调查。调查统计了美国10～17岁儿童和青少年的体重。调查指出，田纳西州超过半数学生一周内每天运动 1 小时的天数不超过 3 天。

这一问题不单是田纳西州或是美国的问题，也不仅仅局限于儿童和青少年群体，世界大多数国家成人肥胖者数量也在增加，并且持续恶化。此外，在许多国家，15 岁青少年超重和肥胖的比例持续攀升。在所调查的国家中，只有极少数国家的该问题得到缓解。

该问题已有详细记录，给青少年带来的长期结果是毁灭性的。若一个人进入超重或肥胖行列，则其他各类健康问题会明显增多。这类人患病风险增高，如心脏病，中风，高血压，Ⅱ型糖尿病，高血脂，妊娠并发症，胆囊疾病，哮喘，呼吸类疾病，癌症（子宫内膜癌、结肠癌、肾癌、乳腺癌、胆囊癌），甚至过早死亡。此外，超重或肥胖的人因社会歧视和其他因素患上抑郁症等心理疾病的风险也会增加。该问题导致的医疗、情感和经济方面的问题事关重大，不可低估。

更多研究指出，适量的体育锻炼对大脑发育和脑功能具有重要意义。约翰·瑞迪（John Ratey）在他的著作《运动改造大脑》（*Spark：The Revolutionary New Science of Exercise and the Brain*）中指出："神经学家在这一过程中发现越多，就越能肯定体育锻炼可以给予大脑最佳刺激，为大脑创造环境，让大脑能做好准备，积极学习。"

2004 年，一个专家小组对 850 个关于体育活动对学龄儿童影响的研究进行了综述，瑞迪引用并称"具体从成绩方面来看的话，体育活动对记忆力、专注力和课堂表现有积极影响"。瑞迪对他的假设进行了总结，若所有学生都有机会体验书中引用的那种示范性体育课程，那么下一代成年人将更加健康、幸福，更加聪明。

作为一名教育工作者，危机就摆在我们面前。可以帮助我们解决这一问题的一个因素就是我们学校的体育课程和活动的类型、频率。

我们有充满活力的体育课程，旨在实现学生终身健康。除了每天30分钟的课间休息（自由活动），学前班到五年级的学生每周3天有体育课。体育课让锻炼变得有趣，因为学生有机会在各种运动和游戏中锻炼并开发技能。这几个年级的学生也积极参加校内外课程。将近70%的小学生参加踢球运动，如夺旗橄榄球、排球、篮球、足球等课程，甚至还参加抛掷豆袋锦标赛。这些课程的重点就是让学生参加并享受运动。目的是让学生到中学后继续参与各类体育运动或个人活动。

初、高中阶段依旧强调参与各种体育课程。一般来说，在这几个年级中，有70%的学生上校际体育课程。

此外，没有上中学生体育课程的学生也参与了终身健身课程。这一课程的着眼点是让学生以愉悦的心态接触各种活动、体育运动和健身方法。

按照要求，所有高中学生须至少参加一年终身健身课程。运动员（占高中生数量的70%）每年参加一项体育运动，也要上终身健身课程。

终身健身课程是一个综合性的课程，将力量训练、健身训练、营养教育和品格发展等因素结合起来。

这一课程旨在通过助力学生身心全面发展以秉承学校的培养理念。该课程有每周 3 天的渐进力量训练和技能发展，还包括每周 1 天的品格发展（或者营养教育），以及每周 1 天的运动技能和全方位身体训练。学生在课程各个部分记录自己的饮食日志，以观测自己的饮食习惯，这也是营养教育方面的重点之一。该课程为学生在高中阶段或者毕业以后选择健康的人生提供必要的知识和经验。

就算是表演艺术课程也强调体育活动在初、高中阶段生活的重要性。我们学校的行进乐队和合唱团每周要多次参加严格的体育活动。两队学生数量占高中生数量的近 30％。在这两个队伍中，竞赛为执行严苛的标准提供了动力。明显的附加好处是两队学生参与的体育活动都与他们的课程相关。

最后，近 40％的高中学生参与了学生会主办的校内项目。这提供了一个竞争并不激烈的环境，在男女共同学习的环境下，学生能在轻松愉快的体育活动和游戏中交流互动。学生在参加一种体育活动的同时还进行了社交，而且他在以后的人生中会继续参与这一体育活动。

我们学校的学生有机会学习并享受终身体育健康活动。此外，健康课程和健身课程两者结合，让学生知道体育活动在生活中的重要性，以及缺乏体育活动的危害性。活跃有趣的课程可以帮助学生在身心和学业方面全方位发展。

教师视角下的学生全面健康教育

——美国弗雷德里克公立学校的行动

亚伦·维特

在儿童 8 岁之前，很多因素决定其未来是否能成功。早期几年中，儿童在智力、情绪和社交方面如何学习和发展很关键。早期高质量的学习经历对儿童有积极影响，对此数十年的研究表明这不是一个理论而是事实。教育工作者、政治家、研究人员和家长将目光转向儿童早期教育，将其作为对美国未来的投资和解决许多复杂社会问题的方式，也就不足为奇了。

有针对性的数据、研究和实践如下：

（1）全学校、全社区和全面孩子（WSCC）模式；

（2）童年期不良经历（ACEs）研究；

（3）约翰·瑞迪博士有关大脑的研究。

美国马里兰州弗雷德里克的行动步骤：

弗雷德里克公立学校认为学生和教职工的健康对学校高效运作很重要，这是一个成功社区的重要一部分。学校董事会将健康列为五大目标之一。这些目标是长期战略规划的一部分，指导弗雷德里克公立学校的学业和运营目标。具体目标内容如下。

目标5：推广能促进学生和教职工身心健康和文明的文化。

优先事项9：学校营造并维护安全、文明有礼的环境。

优先事项10：通过提高对相关主题的认识和参与度，促进学生和教职工的个人健康。

研究表明：健康的孩子在学校表现得更好，包括出勤率、行为规范、学业和整体表现。弗雷德里克公立学校的卫生委员会（SHC）同市区合作，帮助校区发展健康，提高学业成绩。

健康的学生能学得更好，学校在教授学生养成健康习惯这个方面起到重要作用。健康的家庭和学校能培养出健康的孩子。

什么是WSCC模式呢？

WSCC模式的根本目的是在学校范围内最大限度地实现健康和教育之间的协调和配合，让每个孩子的认知、健康、社交和情绪得以发展。这就意味着不仅要调整政策，还要对服务孩子的流程和实践进行调整。

WSCC 模式相互作用的 10 个因素包括：营养环境与服务，体育教育和体育活动，健康教育，家庭参与，社区参与，员工健康，社交性和感性的学校氛围，物理环境，咨询、心理和社会服务，卫生服务。

学生学习成绩好的原因仅仅是因为天生的认知能力和传统意义上的努力吗？让我们关注童年期不良经历和约翰·瑞迪博士有关大脑的研究。

儿童时期的经历，不管是正面的还是负面的经历，都对暴力侵害、犯罪、终身健康和机遇有巨大影响。因此，早期经历是一个重大的公共健康问题。很多这一方面的基础性研究被称为童年期不良经历。

童年期不良经历可能导致危害健康的行为、慢性疾病、生命期缩短以及早逝。童年期不良经历导致的健康问题和社会后果很广泛，因此防患于未然很重要。疾病预防控制中心通过确保儿童期的必要点（essentials for childhood）——安全、稳定的关系和成长环境——来促进儿童终身健康。儿童期的必要点对很多健康问题有积极影响，能帮助儿童发展技能，充分发挥其潜能。

约翰·瑞迪博士，哈佛大学医学院精神病学副教授、临床教授，著有《运动改造大脑》。瑞迪博士的研究成果包括：体育活动与优秀学业成绩有关；体育活动可以延长高质量生活的时间；积极活动的孩子在学校表现出色，学校出勤率高，能减少学习过程中的干扰行为。

美国卫生与公众服务部发布的《美国人体力活动指南》(2008 版)建议，6～17 岁的儿童和青少年每天进行 60 分钟及以上的体育活动。

弗雷德里克公立学校每周基本体育课程的时间至少为 90 分钟，其中学生进行中度到高强度体育活动的时间至少占 50%。在林肯小学每周要上两堂 45 分钟的体育课。此外，每周还有两堂 45 分钟的艺术课和两堂 45 分钟的音乐课。

弗雷德里克公立学校的标准和行动步骤：

(1)按规定进行课间休息并延长课间休息；

(2)教室体育活动指南(在林肯小学，我们在全校范围内采用了瑜伽课程)；

(3)扩展中学的日常体育教育；

(4)增加高中体育项目的多样性(各类团队运动、重量训练、舞蹈、运动管理)。

美国完善全面孩子教育的举措：

(1)大学体育和舞蹈项目；

(2)课外体育俱乐部；

(3)与艺术和音乐有关的课外项目，如戏剧、乐队和器乐，以及各种公民俱乐部。

我的充实计划：

我发现处于美国社会中底层的人口在接触充实计划方面存在空缺。这个空缺导致了灾难性后果，包括儿童肥胖、社交和行为应对技能减弱、辍学率上升、社会情感创伤、青少年暴力和监禁。充实计划准入（enrichment program access）填补了这一空缺。

除了教授健康和体育以外，我有超过 20 年的时间在小学及幼儿阶段协调各种课外俱乐部和运动队（跑步俱乐部、舞蹈、足球、篮球、幼儿园到五年级的橄榄球队）。

我还参与了协调导师项目。该项目录取二年级的学生，并跟踪其到十二年级（1 名成人对 1 名学生）。

让我们再回到 WSCC 模式，关注社区参与和家庭参与。

社区参与方面有城市青年摇篮（City Youth Matrix）：该组织的目标是在校园外借助充实计划为学生创造苗壮成长的机会。该组织是非营利性的社区组织，面临的主要困难是交通问题和充实计划的成本（志愿者车队和奖学金计划）。

家庭参与方面主要是家庭辅导部分，建立儿童和家庭与现存组织和社区间的联系，这些组织和社区在运动、艺术和音乐领域提供全面孩子教育。

美国的儿童健康教育在哪些地方有何空缺呢？

美国儿童的肥胖率持续攀升，影响深远。美国 21% 的儿童（约 1500 万人）生活贫困，贫困范围几乎涉及全部群体。体育教育的长期影响尚未得到充分研究，这应该成为研究重点，以促进循证政策的发展。

我们知道教育是基础，但是如何将学生课堂内的生活和学习与课堂外的生活和学习联系在一起？

弗雷德里克公立学校的五大目标之一是让每个学生都成为有能力的学习者和积极参与的公民，能为当地和世界做出积极贡献。

我们可以做什么呢？

未来有无限的可能！

有健康的身体才有健全的心智

——意大利金德学校的健康教育

克莱迪欧·马瑞安迪

健康是我们现今讨论的一个重要话题。与以往相比，人们更关注健康，尽可能地保护健康，不管是将健康视为整体还是部分。

与过去相比，如今社会日常生活中更常谈及健康和平衡的概念。学校作为社会的一部分，也有这个基本需求。

健康是幸福生活的基础。我校长期以来坚持健康教育，向学生讲授健康的重要性，与他们交流健康的重要性。

我们是意大利人，是"拉丁文化"的传承者，从小就知道"有健康的身体才有健全的心智"这句格言，这也是我们本能的感受方式和思考方式。

如今对这一格言有新的解释，要心理健康还需要健康的体魄，才能达到身心平衡。

实际上，这句格言的作者试图祈求身体和心理健康。在现实生活中，身体和心理平衡发展这个观点可追溯到更早。古希腊的亚里士多德提出一个教学模式，身体和心理要同时工作，甚至在分开并接续的情况下，这样其中一方不会凌驾于另外一方，方能达到二者和谐发展。

体操和体育课程能培养勇气，强壮体魄；音乐和哲学培养的内在平和及美好品德可以与强壮的体魄和勇气平衡，避免产生过激的反应。

我们学校的体育教育一直秉承这一精神，只有强健的体魄而缺少正确的思想和良知是没有意义的。

除了常规体育的自由活动和竞技，我们学校还教授功夫、柔道、古典舞、现代舞、艺术体操、篮球、足球和击剑。体育活动形式多样，包括嘻哈、马戏团和滑稽艺术，各种形式的戏剧。

为一项运动进行训练，或者进行定期的身体或者脑力活动，有助于保持身体"有型"，这是不争的事实。这些活动对健康有积极影响。如果我们从小时候就以正确方式活动的话，健康的积极影响将更持久，但是很多人并没有认识到这种积极影响。

反对沉积式生活方式在工业化国家已成为一个重要目标。实现这一目标不仅需要负责疾病预防和健康推广的卫生服务部门，还需要其他部门引导，从交通部门、城市规划部门、建设部门到生产部门，尤其是学校。

个人及社会环境因素促进沉积式生活方式的发展。工作时间限制了身体或脑力活动的机会；劳动型公司不断发展，科技化提高，促进了沉积式生活方式的形成，使工人的运动消耗降到最低。

汽车可在短时间内移动，而且比公共交通工具、自行车或者步行更加安全，所以，大部分成年人主要的交通方式是开车。专家认为，城市结构让人更倾向于开车，因为开车有自主权，去哪里都可以，就算是交通不便的地方也可以去。

市民也会察觉有些居民区缺乏交通和社会安全保障，在这些地区步行或者骑车不安全。

体育运动和脑力活动是有益的，所以，应该告知人们它们的重要性。

科学证据表明，有规律且强度适中的体育活动有利于养成健康的生活方式，有益于总体身体健康。体育锻炼特别是有氧运动，并不需要高强度运动，只需每天30分钟，每周超过5次就能享受运动带来的益处，可以选择散步、游泳，也可以骑自行车。

30分钟是世界卫生组织为保持健康提出的建议时长，这就是每人每天至少进行30分钟体育活动的原因。

改善体育文化环境增强了体育健康的积极影响，它能帮助人们树立正确的体育态度。青少年运动队和运动社团的教练如今更加关注的是鼓励每个孩子投身体育活动，而非不择手段取胜。

我们学校 50 多年来每天坚持开展体育活动，就是让学生能在常规课程和体育运动之间取得平衡。我们的课程设置为学生提供了各类体育活动，穿插在学生课表中。

与体育和学生健康相关的活动还有另外一个分支，这对意大利人来说是重中之重。终有一天孩子会长成大人，会认识到意大利的美食文化。健康的饮食造就健康的体魄，健康的饮食源自意大利闻名世界的地中海厨房和美味的食物。来块比萨如何？

2016 年，意大利农食酷乐园（FICO）在我们博洛尼亚市开幕了。乐园面积巨大，占地 22 公顷，如今有 40 家公司和45 家餐厅。这是一个奇妙的"食物王国"，儿童和成人可以在从食材初级阶段到上餐桌的过程中接触食物，还可以在工作室学习制作新鲜的意大利面、比萨、饼干、莫泽雷勒干酪、奶酪、冰激凌、葡萄酒和橄榄油。

我们有机会接触食物，了解食物的真实特性，可以发掘新的趣事。比如，我们可以了解到欧洲有 1200 多种苹果，其中 1000 种只在意大利才有。这是食物教育课程一个非常重要的补充和辅助方法。

考虑到我们有责任全力开发学生的心智，实现其身心健康，我们也提供了哲学作为课程学习的一部分。

受儿童哲学（philosophy for children）的启发，我们将哲

学视作开发儿童批判逻辑性、创造性、自省性和伦理思维的方式。

活动协调人，或者在讨论中扮演"裁判"的教师，会重点关注以下几个方面：重视和学生之间的对话；重塑学生对哲学方面的可能性和重要性的认识；让学生思考具体的哲学基础。

儿童哲学是联合国和联合国儿童基金会提出的个人生活技能（life skills，生活技能是适应能力和积极行为的能力，使人类能够有效地应对生活挑战）规定的实践性社区哲学，是社会文化概念的基础。它包括以下几方面。

（1）论证。就算在课外活动中也获得就一个主题进行演讲和表达的能力。

（2）批判性思维。获得批判性思维和创造性思考方式。

（3）自主决策。在认清形势的情况下做出决定。

（4）自我评价。认识自己的特点，发展元认知评价。

（5）社会性。在小组中提高社会技能，学会倾听和尊重，即使是在跨文化主题讨论中，也要营造文明民主的环境（公民教育）。

（6）语言。发展语言、数学逻辑和心理社会技能。

（7）反思。发展应对问题的反思能力，培养对人类价值观、良知和现实的反思意识。

我们的话题能引起学生浓厚的兴趣，而且他们主动在讨论中增进对话题的了解，所以，我们的教育课程总是能对我们的学生产生积极的影响。

健康的另外一个极其重要的方面就是预防坏习惯。根据对物质上瘾（包括酒精和烟）的相关研究，人的坏习惯可能从很小的时候就开始养成了。

每年金德学校会将中学部的学生带到多斯加尼的韦伯（Vibe）——靠近海边的一个健康服务中心。此中心采用中西结合的方式，并运用东方智慧和西方技术，开创了丰富多彩的活动。一周的时间，我们的学生在韦伯打太极、做瑜伽、铜锣冥想、跳舞，以及进行音乐相关的活动。一周中的重要活动是每天与戒毒医疗专家会谈。学生回到金德学校后，身心均得到提升。

有知识的世界是更健康的世界，健康的世界无疑是更幸福的世界。

健康是什么

——意大利加瓦尼中学的行动

劳拉·波莱蒂

世界卫生组织对健康的定义是："健康不仅为疾病或羸弱之消除，而且是体格、精神与社会之完全健康状态。"

我在加瓦尼中学担任自然科学老师，也是学校健康代表，我校也致力于学生健康方面的各项工作。

学校的任务不仅是帮助学生在各学科打好基础，还要让他们意识到健康生活方式的重要性，知道公民责任感，从积极的角度看待自己，平衡与他人的关系。

加瓦尼中学于1860年成立，依据《教育章程》建立。其所授学科包括哲学、拉丁文、希腊文、意大利语、法语和艺术等。

现在，加瓦尼中学的学生在 14 岁入学，5 年后参加中考。学生入学第一年选择学科，学科是根据全国统一的课程设立的。

多年来，加瓦尼中学既保留了传统，也出色地适应了不断增长的国际上对高等教育的需求，其他双语课程应运而生，统称为实验课程。

(1)国际法语课程：遵循法国教育部制定的官方课程，并得到法国大使馆的支持。学生获得法国中学文凭，凭法国中学文凭可直接升入法国大学。

(2)国际德语课程：遵循德国教育部支持的官方中学课程。学生获得德国中学文凭，凭德国中学文凭可以直接升入德国大学。

(3)剑桥大学国际考评部监督的国际科学英语课程，包括七门课程的考试：法语、地理、数学、生物、物理、第二语言英语和艺术摄影。学时依据不同课程差异较大，每周 26～34 学时。有 100 多个国家的学校，把加瓦尼中学颁发的国际普通中等教育证书，作为评估学生通过英语对学科知识和技能成绩进行严格评估的标准。

加瓦尼中学是意大利唯一在中学阶段提供意大利和英式教育双语教学经历的学校。就算今天我们在罗马有一个姊妹学校，加瓦尼中学也是意大利第一所能够提供国际普通中等教育证书课程的公立学校，也是剑桥国际考试认可的官方考试中心。

我校学生每天上午上课，每周6天，从9月中旬上到来年的6月中旬。我校的大学升学率为97％。

我在加瓦尼中学担任国际普通中等教育证书课程的自然科学老师，同时自2014年起，也担任整个学校健康教育活动的指导老师。

一、健康教育活动：体育

在加瓦尼中学5年的课程中，所有学生每周要上2小时的体育课程。

在这些课程中，学生不仅进行各种体育活动和参加小组游戏，也要听与健康教育相关的讲座。这些课程有以下几种。

（1）学习急救（特别是运动创伤学）和心肺复苏（特别是如何激活救援链）。

（2）与自然科学紧密合作的饮食文化。

（3）什么是兴奋剂，它有何风险。

（4）瑜伽。几年来我们学校在下午为教师、学生和学校工作人员开设了瑜伽课程，并由专业人员授课。

（5）健康生活方式概述（充分体育活动，合理营养，禁酒和精神类药物，通过冥想和呼吸调控焦虑等）。

二、健康教育活动：其他活动

加瓦尼中学与当地重要组织机构合作，包括从博洛尼亚市政府、艾米利亚－罗马涅大区医院、博洛尼亚大学，到研究机构或志愿者组织，为学年课程提供一些教育活动。这有助于我们根据学生的年龄规定个性化活动和相关事项。在我校学习 5 年后，学生将对健康的定义有全面的了解。

我校体育课程提供的重要活动如下。

（1）第一学年，我们开展以吸烟为主题的研讨课程。

根据意大利卫生部的报告，意大利青少年第一次吸烟的平均年龄为 17 岁左右，因此，向学生提供做出选择时所需要的知识很重要。

课程由学校受过专业培训的教师讲授。他们从学生对吸烟已知的知识开始，然后从医学的角度分析吸烟的危害，并强调戒烟的益处。

（2）第二学年，学生参观当地卫生局的青少年咨询中心。

通过这种方式，学生第一次接触该机构，并了解到可以向咨询中心求助，解决性行为问题、情感关系、避孕、自愿中断妊娠、心理困扰、药物滥用和营养失调等问题。

学生在咨询中心可以得到心理专家、社会工作者和医生的建议。

（3）第三学年，我校与博洛尼亚大学刚毕业的医学生合作，为学生提供同伴教育模式，重点关注酒精和精神类药物的滥用问题。

课程重点分析酗酒和滥用药物对人体的危害，通过让学生认识危害性以推行健康的生活方式。

（4）第四学年，学生与意大利复苏委员会的工作人员一起开展心肺复苏课程。这些课程通过在人体模型上进行复苏技术练习，向学生教授理论基础知识和实践步骤。

课程目的是向"非专业救援人员"提供基本信息，以便他们在不可预知的情况下能采取正确行动，并就防范家庭及道路事故，提供信息和进行教育。此外，该课程旨在增强社区的互助意识。

（5）第五学年，学生可以参加各种活动。

①通过博洛尼亚医院德高望重的医生的讲授，了解艾滋病毒以预防和控制艾滋病。

②与博洛尼亚大学及意大利癌症研究协会（AIRC）合作，开展预防肿瘤相关的讲座、课程和学习单元，同时活动也向公众开放。

③器官捐献、骨髓捐献及献血（与骨髓捐献协会和自愿献血协会合作）。

④接受他人。这一活动旨在深入理解并接受不同性别、身体特征、性取向，并对学生自身刻板的认知进行分析。

除了在不同学年为学生准备的各类活动，学校也建立了心理倾听中心。该中心接待学生，也接待家长和老师，并保证所提供信息的私密性。

解决欺凌或孤立这类复杂的班级关系时，若班级老师明确提出批评，该中心会针对全班学生采取措施。

该中心有专业的心理医师，专门研究青少年关系问题，并与我校合作多年，为学生提供免费咨询。

学校从学校老师中选出一些指导老师协助心理医师。学生可以向指导老师咨询，特别是和他们专业相关的事项，如高效学习的技巧和校园适应性问题等。

更专业的问题则由心理医师负责解决。比如，如何适应自我和他人，或者严重的心理脆弱、孤独、焦虑和抑郁。

青少年常在家庭中遇到沟通障碍，特别是关于感受，情绪和食物问题（DCA），自尊，药物滥用和新兴的"新型上瘾"（赌博、游戏成瘾、网络成瘾、科技成瘾、成瘾关系）的沟通。心理倾听中心为学生的成长提供真实有效的援助，帮助他们找到人生和谐健康的状态。

教育的幸福感

——加拿大滑铁卢教育局的行动

罗德尼·米勒　汤娅·贝蒂

滑铁卢教育局是一个公立的教育局，总部设在加拿大安大略省的滑铁卢地区。我们的学校努力成为"成功社区的中心，百花齐放的园地"——这是我们的理念。教育局由以下部分组成：

(1)46所小学，学生人数为150～800；

(2)5所中学，学生人数为900～1900；

(3)4所成人学习和继续教育学校；

(4)4个"第23条社区合作伙伴计划"；

(5)学校系统内有200名国际学生；

(6)小学和中学共有23000名全日制学生；

(7)17000名全日制、在职成人学生和继续教育学生；

(8)3500 名全职和兼职员工为上述学生提供服务。

在为所有学生制定规划的时候，不管是系统规划还是个人规划，我们都具体问题具体分析，始终根据上述理念来制定决策及提供服务。"这个学生需要什么才能成功?"这便是我们的驱动力。

滑铁卢教育局为学生及家长提供包容性、综合性的规划和服务。这一点也是从本教育局作为一个学习社区的理念和使命出发的。我们认识到每个学生都有自己的特殊优势和需求。学生服务处和特殊教育部门会提供各种课程和服务以满足所有学生的不同需求，致力于为每个学生找到自己的定位、找到共同的成功之路。

本文将探讨和梳理滑铁卢教育局是如何理解及落实"安大略省教育幸福感战略"的。我们将从认知、情感、社会、身体和精神方面的视角来探讨如何支持学生教育，并以此探索"五个幸福感领域"。随后我们将讨论三层支持模式，最后将列出几点关切。

一、学生服务概况

我们的服务和流程可以为识别系统和学生的成功需求提供支持。学生服务部门有 3 名管理人员，他们负责监督满足学生需求的教学和非教学人员的工作。

特殊教育负责人直接负责以下领域和服务：视力、听力、特殊教育联络教师、社区转型支持人员，以及 4 个"第23 条特殊学校计划"——一个计划属于青少年监管特色服务，一个计划隶属于住院精神疾病儿童和青少年项目，一个计划同一家儿童和青少年心理健康机构合作，最后一个隶属于社区医院心理健康计划。

学生服务高级经理负责监督高需求识别程序，该程序可通知系统中的儿童和青年工作者、教育助理和个人支持工作者的分工。还有一些董事会的儿童和青年工作者。他们将在学生服务高级经理的指导下，提供热情、灵活的服务。

首席社会工作者负责监督社会工作人员、心理教育顾问、言语语言病理学家、交流障碍助理和心理健康牵头人，同时，还负责社区服务伙伴关系、同情性看护/创伤性事件响应措施、暴力威胁风险评估和高等教育机构的实习安置问题。

以上所有服务均与系统内的学校、员工和学生协调一致，并由滑铁卢教育局提供资源。这些都是通过直接的转交工作及定期的团队协作会议来完成的，以确定和规划学生的需求。

二、安大略省教育幸福感战略

《安大略省教育幸福感战略讨论文件》概述了幸福感战略的四大支柱，即关键组成部分。以下为四大支柱。

（一）提升积极心理健康

所有的校董会都配备一名心理健康领导者，负责制定和实施校董会级别的心理健康和戒瘾策略，并与员工合作，帮助所有学习者培养积极心理，为有心理健康需求或戒瘾需求的学生提供服务。

（二）安全、接纳性校园

这一点对所有校董会提出了期望，即提供安全性、包容性和接纳性的学习环境，满足每个学生的成功和幸福感需求，包括解决校园欺凌问题、实施先进的纪律规定和创造积极的学校氛围。

2012年，《接纳性学校法》起了很大的作用，要求建立一种积极的学校氛围，即无论人种、血统、出生地、肤色、种族、国籍、信仰、性别、性取向、年龄、婚姻状况、家庭状况或残疾情况如何，要具有包容性和接受性。

（三）健康校园

这一概念是建立学习条件的关键，而这些学习条件对于帮助学生充分发挥潜力至关重要。为学生提供适当条件，使他们能够养成积极健康的生活方式，并在他们的一生中保持这种生活习惯。

（四）公平性、包容性教育

这一点可以帮助教育界识别和消除歧视性偏见和系统性障碍，以满足安大略全省学生对成功感和幸福感的需求。研究证实，认为自己在学校里受到欢迎的学生更有可能在学业上取得成功。

这四个主要内容都源自安大略省省级资源，旨在帮助改善学习环境，以促进和满足学生的幸福感。这与"实现卓越""确保公平"和"增强公众信心"一起组成了安大略省教育战略的四大核心目标。

幸福感战略以高水平的框架和问责制来规划一个系统，以确保这些内容对所有学生适用。滑铁卢教育局一直都在该策略的领导下教育、服务于我们的学生。

《安大略省教育幸福感战略讨论文件》指出，我们的幸福感战略旨在提供对安大略省教育系统当前和以后的幸福感的一种理解。我们将找到方式方法来甄别促进幸福感的条件，制定方案来增进公立教育系统中的幸福感。我们的目标是让所有学生都能拥有更良好的身心健康水平、积极的自我意识和归属感，以及做出积极选择的能力。此外，我们还努力确保学生、教育工作者和所有工作人员都能感受到他们的幸福感得到了满足。

事实证明，学校和系统领导者在创造支持所有学生健康发展的条件方面发挥着关键作用。我们的教育领导者在努力建立鼓励健康学生的学习环境的时候，在与敬业的老师、家长和员工接洽的时候，能够感受到支持，这一点是很重要的。教职工每天都带着积极性和自豪感参加学生工作，这是提高学生幸福感的先决条件。

三、滑铁卢教育局五大幸福感领域

由于学生学习与发展之间有着直接关系，所以学生的健康和幸福感对学校至关重要。幸福感可以被定义为，"当我们的认知需求、情感需求、社会需求和身体需求得到满足时，我们对自己在精神层面和归属感层面感受到的积极感觉"。

世界卫生组织指出："在 18 岁以下的青少年中，有 1/5 的青少年有发育问题、情绪问题或行为问题，有 1/8 的青少年患有精神疾病；在儿童中，该比率为 1/5。"当学生的幸福感得不到满足时，他们在学业、社交、情感和行为上都会出现重大的困难和障碍。

滑铁卢教育局认为，提供支持五个幸福感领域的服务（认知、情感、社会、身体和精神）可以促进学生心理健康整体发展，支持学业发展，减少混乱情况和各种问题的发生。

研究表明，学生健康的习惯与学业成绩、心理健康水平和幸福感之间存在直接联系，并且减少了学校中的不良行为。2014 年 10 月，加拿大教育部将幸福感作为新愿景"实现卓越"的一个目标，进一步巩固了学校体育活动、心理健康和幸福感之间的联系。根据该文件，"这一目标强调了不仅要关注学业成功，还要关注所有学生，关注他们的认知发展、情感发展、社会性发展、身体发展和精神发展"。还有研究进一步表明，要想学生更愿意学习，教育是健康的一个明确决定性因素。

滑铁卢教育局采用多种方法，发展了健康学校政策、计划和倡议，全面解决心理健康和幸福感问题。这一点是通过将课程中的学习目标建立联结、将学校和课堂建立联结，通过学生参与社会和物理环境，以及加强家庭、学校和社区伙伴关系而实现的。

这五个幸福感领域包括了人类成长和发展的认知、情感、社会、身体和精神等方面。

（一）认知领域

该领域的重点是培养学生各种认知能力，包括批判性思维、解决问题的能力、创造力以及灵活性和创新能力。课程中的一些元素凸显了这一点。这些元素鼓励一种协作学习文化，以促进创新，让学生参与探索现实世界、解决实际问题。此外，我们还利用了技术性教学和学习策略，以促进学生的发声和参与。

（二）情感领域

情感领域着眼于支持学生学习如何去体验情感，了解如何识别、管理和应对这些情感。学校对这一点的关切体现在建立了一个反映心理健康意识的安全、敏感的环境，接受和鼓励公开讨论心理健康和心理疾病。此外，我们还要将适应性策略整合到帮助学生发展自我调节技能的课程中去，这一点也很重要。同时，我们要与心理健康负责人和校董会工作人员（如负责整个学校心理健康促进和支持工作的校园社会员工）保持联系，这一点同样重要。

（三）社会领域

社会领域的目标是发展学生的自我意识，包括归属感、协作感、与他人的关系及沟通技巧。我们的教师与学生一起培养自尊心、自我效能感和尊重他人之心。学生还有机会一起讨论教室中的相同和不同，充分展现出我们的包容性和接受性。

（四）身体领域

该领域探索身体的发育以及身体活动、睡眠模式、健康饮食和健康生活的影响。学校全年为学生提供各种各样的体育活动，支持学生终身参与体育活动，这反映了学校学生的文化、兴趣和成就。进一步的战略、活动、营养支持、生活技能和环境影响更是充实了这一领域的内容。

（五）精神领域

滑铁卢教育局为学生提供自由的空间，以寻找和探索他们与自己、与他人、与自然等的关系，借此支持精神层面的教育。

关注学生的五个幸福感领域，让我们认识到身体和心理健康的学生更有可能发挥他们的学术潜力。此外，发展这五个领域的能力有助于儿童和青少年发展健康的友谊，沟通和解决冲突的能力以及自我调节的能力，为学校、家庭和社区的发展做出积极的选择。

四、心理健康和幸福感的分层支持

世界卫生组织将精神健康定义为一种幸福状态，即每个人都能发挥自己的潜力，能够应对正常的生活压力，能够高效率工作，并能够为他的社区做出贡献。滑铁卢教育局教育委员会利用三层支持模式，让所有校董会员工为所有学生的心理健康和幸福感服务，以便尽早做出相关干预和预防。

教育中的心理健康三层法包括：①提高所有学生的心理

健康和幸福感；②帮助识别一些有心理健康问题或有风险发展成心理健康问题的学生；③为需要更多强化干预的学生联系治疗机构。

（一）第一层

这一层是在整个学校的范围内推进心理健康策略和计划，以惠及所有学生。这一层的主要目标包括在整个课程中提供热情的社交和自然环境，让学生参与并促进其心理健康和幸福感。此外，通过幸福课程的教学、学习和理解，家庭、学校和社区合作，为这一层面提供了广泛的支持。通过与我们的心理健康负责人一起合作，积极响应"安全、接受性校园""健康校园""公平、包容性校园"等倡议，滑铁卢教育局实现了这一点。第一层的倡议包括"教育沉思""情感素养""制度空间"等。作为预防和教育的手段，学校在全校范围内提供这三种项目。

（二）第二层

这一层认识到，虽然所有学生都可以在第一层中受益，但更脆弱的学生则需要进一步的技术练习，包括加强保护因素，减少风险因素，并提供支持和调节。这一层的学生占总数的 15%～20%。针对这一层学生的主要目标包括通过有针对性地减少风险因素来进行预防工作，通过调节和修改来提供支持，以及提高其社交能力、情感能力和适应力。滑铁卢教育局能够通过社会技能小组和恢复性司法圈，来修复学校同龄人之间由问题和冲突造成的伤害。

（三）第三层

至于最后一层，对于风险最高的学生群体来说，支持是必不可少的。这类学生通常占学生人数的 2%～5%。这些学生遭遇了极大的痛苦，需要特殊的干预措施与社区支持。在滑铁卢教育局，这些学生可以得到 10% 的校园社会工作人员的支持。在滑铁卢教育局，学校社会工作干预的四个最常见原因是：焦虑、抑郁(情绪)、自残和自杀想法。

学生大部分时间都是在学校度过的，所以学校在促进学生预防各种心理健康问题并对其进行简单干预方面发挥着重要作用。滑铁卢教育局的多层系统确保了所有学生都接受了相关的技能和知识教育，以提升积极心理健康。这种分层系统进一步帮助学校识别在社交、情感、行为需求中挣扎的学生所表现出的迹象和特征，并将处于困境中的学生与适当的社区联系起来，以加强临床支持。

五、关切

滑铁卢教育局为了以后能提供更多的幸福感，现列出以下关切点，以确保我们计划的成功及可持续性。

（一）框架实践政策

我们致力于建立一个可以在整个校董会实施的正式计划，确保支持幸福感工作的一些活动得到落实。此类策略可确保在大型系统中所有工作的一致性。我们在起草和实施此类政策时，需要与学校工作人员进行讨论，这确保了它们在日常使用中具有相关性和现实性。这样的政策包括：欺凌、自杀、抑郁和自残的预防和干预，以及公平和包容性教育。

（二）资源和训练

为了将这一实践继续推行下去，就必须有工作人员致力于制定、实施和更新相关政策和实践方法。正是因为有了这些努力，安大略省列出的框架和滑铁卢教育局的计划才变得有生命力，才能得到落实，而不只是纸上谈兵。这些计划的落实和实施，便是学校为学生和员工打造的不同之处。从以下专业发展的例子可以看出相关的努力："理解焦虑""安全谈话训练""行为支持计划""安全计划"以及"学生独立支持"。

（三）社区角色和关系

在向学生提供服务的时候，切记不能低估与相关社区服务伙伴建立协作关系的重要性。通过签订《谅解备忘录》/《合作协议》提供各种特定服务，这一点可以与校董会内部提供的服务相辅相成，在取得相关同意的前提下以团队为基础服务有需求的学生。这样的例子包括："滑铁卢地区警务""家庭和儿童服务"，以及"'希望之光'戒毒治疗"。

（四）个体学生到全系统连续体

校董会所有的计划都必须考虑到各种需求和应用。三层支持模型就表明了这一点。适当的董事会流程可以指导系统对个人和系统的需求做出反应。"行为支持小队"的创建和实施便是这样一个实例。该团队负责解决整个系统中的数据驱动的行为方法，并应用到个体学生参照中。

（五）全系统性的心理健康负责人

安大略省的校董会现在设有一个专门负责系统教育、能力建设和心理健康培训的职位。校董会有专门的三年计划心理健康和幸福感战略。它是创建一种文化的组成部分，而该文化认识到需要在整个系统中围绕心理健康进行开放式沟通，并采取相关行动。

领导支持。考虑到以上关切，校董会内部需要有高层的支持。

六、结　论

安大略省幸福感战略为一种全系统文化奠定了基础。该文化将幸福感问题放在首位，支持一个整体学习环境，这也是每个校董会、每个学生所需要的。本文概述了这一战略是如何在滑铁卢教育局实施的。这一战略进行得如火如荼，且可以让系统内的所有人受益。

以下内容摘自校董会报告：

幸福是当我们的认知需求、情感需求、社会需求和身体需求得到满足时，我们对自己在精神层面和归属感层面感受到的积极感觉。为了做到这一点，我们落实了很多强有力的倡议，以支持落实与"滑铁卢教育局安全及关爱型学校"相关的关键步骤。

安大略省教育幸福感战略指出：

多年来，越来越多的证据表明了为什么幸福感是学生整体成功的基础。如果学生在学校感到不安全或是不受欢迎，如果他们的心理健康受到威胁，并且他们无论是在校内还是校外都没有找到方法和动力来采取健康、积极的生活方式，那他们便无法在学业上取得成功。这是因为具有积极幸福感的学生更有适应能力，在学习上也更加成功。我们也知道，具有积极自我意识的学生能够更好地应对快节奏的世界，并从今开始成为一名积极参与型公民。安大略省致力于帮助学生学习与积极幸福感相关的知识和技能，使他们成为自信、有能力和有爱心的公民。

如本文所述，学生的需求和成功远远超出了课堂上的学术期望。我们有责任通过利用上述信息和战略，为每个学生创造机会去取得成功。

教育关怀与幸福感：过去与现在

——澳大利亚新南威尔士州的行动

布拉德·坎贝尔

1983 年，我在澳大利亚开启了教学生涯。当时我在一所男子学校任职。该校设置七至十年级，大约有 640 名学生。这所学校坐落于工薪阶层聚居区，环境严酷，显然这里的学生生活条件艰苦。这是我任职的第一所学校，对这所学校我满怀热爱，毫无怨言。但是不得不说，我上班的第一年过得相当艰难。

在这样一所小规模的学校当中工作，好处之一就是不用几年，你就可以认识这里的每一位学生。这种行为本身就是一种教育关怀，学生对此深感荣幸。在学校当中，我们的身份是教师，学生来这里是为了学习。至于学生是否预习功课或者校外生活对他们的学习是否造成影响等，我们并未过多关注。

在绝大部分学校当中，教师职位晋升都以教授的课程质量为基础。有一些学校，就像我所在的学校一样，将学科辅导员的角色与年级辅导员的角色融合。这两个角色都身负重任，一种角色要求每周进行面对面的教学，另一种角色每周只需从中抽取 2 小时投入工作。因此，任职者无法公正对待这两个角色。

部分具有远见卓识的学校，会专门设置某一职位，为学生提供教育关怀，关注学生的幸福感，这样的学校非常罕见。在学校中，年级辅导员这一职位没有任何资助，因此，他们基本没有任何工资收入。绝大部分年级辅导员关注的重点都是学生纪律以及学生管理，而不是学生幸福感。

1985 年，我校领导考虑到合并职位的工作量实在过大，因此新设了年级辅导员的职位，来照看四个年级的学生。尽管这个职位每周只需工作 2 小时，对普通人来说很有吸引力，但是它并不是正规的晋升职位，并且也没有任何工资。这种情况一直延续到了 20 世纪 90 年代。

独立设置年级辅导员这一职位，产生了积极正面的效果，学校从此有专门的人员关注学生的幸福感。之所以独立设置这一职位，是因为它的存在具有实用价值。但这仅仅是从工作量方面考虑的，实际上学校仍然没有承认为学生提供教育关怀以及关注他们幸福感的重要性。

从本质上来说，之所以会出现这种情况，归根究底是因为人们对教育的看法。教育是你自己应该做的事情。教师教书，学生学习，除此之外，别无其他。教学是强制性的，但是学习却是可以选择的。学校没有必要为学生提供教育关怀或者关注学生的幸福感，因为学生处于相当被动的状态，人们认为学生的心理健康不会对学习产生任何影响。我记得有一位高层负责人曾经在不同的场合这样评价道："我们能够给予学生最佳的教育关怀就是给他们提供优质的教育。"我的一位同事曾经想过担任年级辅导员，但是负责人的评价也让他对自己的职业发展产生了质疑。他说道："这个职位没有未来。"

1985 年年末的时候，我第一次升职成为学校领导团队中的一员，并且从下一学年开始担任九年级的辅导员。我需要负责学校中最难管理的群体，这是我从事全职教学工作的第三年。担任年级辅导员，我需要接受什么培训呢？实际上，我只接受过教师培训。学校或者辅导员体系会提供支持或者培训吗？实际上，一无所有。四位新上任的年级负责人在一起工作，并且互相扶持。若干年后，学校才确定有必要为辅导员提供专业的培训。

当然，那是三十多年前的事情，现在这种情况是否有所好转呢？

2018 年，年级辅导员的工作时间仍然是每周 2 小时。任何人都可以从事这项工作；上岗的唯一要求就是接受教师培训。虽然教师意识到如果学生的心理及精神状态不佳，他们很难进行高效率的学习，这一点迄今为止仍然没有任何改变。在澳大利亚，我们会花费大量的时间检测学生的能力，而并非帮助学生，以让他们保持良好的状态并且专注学习。

然而，现在也无须过分悲观。在绝大部分学校当中，任课教师需要同时担任年级辅导员。学校的领导团体当中也会设置一个高级职位，由负责人制定整个学校的教育关怀计划。每所学校都有专属辅导员，规模较大的学校也会专门设置全职辅导员。学校系统会为学生的幸福感制定相关政策，这些政策已经成为常规遵从流程的一部分。

尽管学校系统也许只向前迈了一小步，但是长期以来，教师已经意识到了学生幸福感的重要性。在开发正式的政府项目之前，学校将外部专家与内部专业知识相结合来辅助青少年成长，培养他们成为快乐、健康的成年人。我们很难检测此类项目是否成功，毕竟教师总是无法看到他们的工作成果。

我们在对某一学校项目进行检测之前，先用更加开阔的视野来看这个问题。

一、联合国教科文组织层面

《促进健康与幸福感的教育战略》由联合国教科文组织于2016年发布。文中写道："国际社会对教育与健康之间的内部关系有了更加清晰的认识，我们需要采取更加周全的方式推动学校健康教育，并且跨部门协作采取相关行动。"

该报告中还写道："健康与教育同样重要。健康、快乐的学生会学得更好，健康状态不佳会对学生的出勤率以及学业成绩造成不良影响。"此外，"人们已经意识到学校环境会对学生的学习产生一定的影响。学校对于所有学生而言，是安全且具有包容性的，这一点对于高效率学习至关重要"。

显然，这一新战略"反映了投资青少年的重要性已经得到了进一步的认可。青少年时期是一生中非常关键的一个阶段，对教育、健康、生理、情感以及心理发展都至关重要"，并且会对这些领域产生积极的决定性影响。

联合国教科文组织确定了两条战略重点：

(1)所有的学生都将从优质全面的性教育中获利。

这主要集中在为学生提供艾滋病教育以及预防辅导，帮助学生塑造健康、互相尊敬的关系，培养他们的态度、价值观以及技能。

(2)所有的学生都有机会进入安全、包容、健康的环境学习。

关键成果包括：

(1)杜绝学校相关暴力以及欺凌事件，其中包括性别暴力；

(2)杜绝歧视学生以及教师的行为；

(3)提高对良好营养以及优质体育教育重要性的意识；

(4)杜绝使用有害物质。

这些战略以及关键的成果，可以反映出澳大利亚学校关注学生健康以及幸福感的方法。

二、国家层面

2008年，澳大利亚政府发布了一项研究，用以检测提高学生幸福感的方法。该研究开头一段就阐释了学生幸福感的重要性。"提升学生幸福感，正在逐渐成为一种提高学生社交、情感、学业能力的重要途径，并会对防止青少抑郁、自杀、自残、反社会(包括欺凌及暴力)、滥用药物等行为，做出重大贡献。"

那么，"幸福感"这一术语的实际意义是什么呢？托尼·诺布尔(Toni Noble)和她的同事给出了以下定义："这是一种持续性的状态，其特点是拥有积极向上的生活观及态度，在学校中能够维持积极良好的交际关系，具备良好的适应能力以及自我优化的能力；在学习过程中，可以获得强烈的满足感。"从本质上来说，这是一种乐观的态度，个人能够喜欢自己并且接受自己，并且具备作为学习者的成长型思维。

以上文献总结了报告中的核心内容，并且确定了七条以学校为基础的培养学生幸福感的途径：

(1)支持、关怀、包容的学校社区；

(2)亲社会价值观——塑造和谐、尊重和同情；

(3)身心安全——提供安全的学习环境；

(4)社交和情感学习——开展培养自我意识、积极行为的明确教学；

(5)力量训练的方法——建立并扩展力量训练及其多

样性；

（6）意义以及目的——学校和社区参与；

（7）健康的生活方式——营养和锻炼。

澳大利亚政府就学生的幸福感报告，征询了社会各界的意见。大家普遍同意制定澳大利亚全国学生幸福感制度的重要性，并且认可为教师提供充分的专业学习支持的重要性。

澳大利亚政府会为学校提供部分资金支持，但教育的主要资金还是来源于各州政府。澳大利亚政府可以将资金投入各界提出的倡议当中，从而来影响全国范围内的学校。虽然我们认为实施学生幸福感制度是一项积极的举措，但各州并未完全接受这一观念。除了实施有关学生安全的强制性规定外，学校还要自己做出抉择。教师已经将绝大部分精力投入在密集的课程当中，他们很容易对学生的幸福感视而不见，从而专注于更为直接的问题：标准化测试及排名表。

然而澳大利亚政府一直致力于构建提高学生幸福感的议程，并且开发了"学生幸福感活动中心"这样一个"一站式商店"。该活动中心可以提供打造以及维持整个学区学生幸福感的战略性信息以及资源。

该活动中心的用户可以分为以下几类：教师、父母及学生。其中，有六大主要关注领域。

（1）健康的思想及身体——其中包括身体形象、饮食失调，以及心理健康，特别关注学生自身问题；

（2）杜绝欺凌——检测预防欺凌的有效战略、方法及可行的手段；

（3）尊重多样性——倡导容忍并且接受不同；

（4）塑造积极的关系——支持所有的主题；

（5）做出健康且负责任的选择——主要关注药品以及酒精，还有社交媒体及其影响；

（6）在线安全——这是一个非常宽泛的领域，涵盖沉迷游戏、网瘾，还有社交媒体欺凌等。

非常值得一提的是教育目的或者教育宗旨的转变。在我开始从事教学工作的时候，教育目的在于传授知识，这也是我们所检测的内容，即我们给学生传授了什么？我们认为学生学到了什么？

教师希望培养健全的人才，而不再是让学生单纯地记忆事实。这一点有利于澳大利亚政府改善学生的幸福感，这种做法有利于培养积极、能干、适应能力强的年轻人，而这些人将在社会中成为杰出的公民。人们已经意识到青少年快乐、健康成长的重要性。

以下是众所周知的墨尔本宣言当中的一部分："在促进年青一代澳大利亚人的智力、生理、社交、情感、精神、审美发展方面，以及在提高他们的幸福感方面，学校发挥了举足轻重的作用。"

2018年上半年，我们在墨尔本举办了未来学校大会。肯·罗宾逊（Ken Robinson）爵士曾经说过，教育的目的在于"确保学生能够充分认识并理解周围的世界以及内在的才能，这样他们才能成为充实的个体及富有同情心的公民"。毫无疑问，如果想要实现这一目标，那么，我们就需要关注学生的幸福感。

三、州层面

新南威尔士教育部在国家层面的指导下，进行这项工作，并且充分利用了诺布尔及其同事在 2008 年所做的报告。教育部将幸福感定义为"个人生活的品质"，并且将其分为五个主要方面：

（1）认知：与成就、成功密切相关；

（2）情感：与自我意识相关；

（3）社交：包括积极的关系和联系；

（4）生理：感觉安全且健康；

（5）精神：与我们的目的感有关。

幸福感结构复杂，我们需要进行大量的工作才能成功满足学生的需要。教育部已经意识到一所学校成功与否，与学生及教学者的幸福感密切相关，学校的处境也会对他们的幸福感产生积极的影响。

2015 年，教育统计与评估中心完成了与学生幸福感有关的文献综述，并且指出一系列影响学生幸福感的互相依赖的因素：

（1）创造安全的环境；

（2）确保连通性；

（3）让学生参与学习；

（4）促进社交以及情感学习；

（5）制定全校战略。

虽然新南威尔士州已经制定了学校学生幸福感制度，但是这并非强制性政策，尽管大家都已经认可了学生幸福感的重要性。

四、学校层面

这些政策制度如何在学校中落实呢？

我们来看看位于新南威尔士州悉尼西北郊区的学校。这所学校设置七至十二年级（男女同校），学生总数大约为1100人，这所学校的人数达到了城市高中的平均规模。

在七至十二年级中，各个年级都有属于自己的辅导员，负责关照学生的幸福感。校级辅导员是学校领导班子的成员，他的工作范围涉及各个年级，还需要与年级辅导员及学生一起工作。学校还另设一名全职辅导员以满足学生的需要。学校已经采取了全面提高学生幸福感的方法，并且定期审查方案，以确保满足学生的需求。

学校用以提高学生幸福感的事项主要包括以下六点。

（一）幸福感制度

学校领导团队的改变给发展提供了新思路，2016年制定的提高学生幸福感的制度也反映了学校发展的新方向。该制度广泛应用于教职员工及学生，其中包括三项核心理念：尊重、正直、责任感。

上述核心理念用于支持建立积极关系这一概念。

（二）教育关怀项目

学校设置教育关怀项目，旨在机动、灵活地及时响应需要。虽然这是一个拥有客座演说家的正式项目，但是警察联络官的参与更是至关重要。

教育关怀是这所学校以及年级教室（年级教室，学生定期接受辅导员指导的教室）的特点。从年初开始，就像在特殊的教育时期一样，年会、班会会进一步强调这一正式项目。每学期举行两次年度会议。

与教育计划并列的是"幸福感学习曲线"。该计划呈现在学生的学习计划或者学习日志中。它主要关注六大幸福感要素：积极合作、意义及意图、技能及成就、关系与积极性、力量及情感、锻炼及健康。

"幸福感学习曲线"已经成为常规家庭作业的一部分，在年级教室以及精神关怀期间会进一步加强。它由网站提供支持。起初，该项目主要关注教育意义及意图，检测学生的目标及心态，随后转向学习技能。每周，学校都会举办与六大幸福感要素相关的活动。

（三）学院制度

学院制度（译者注：学院制度，其组织方式是将学校分为不同的团队，每位师生都被编入特定的团队。通过组织各种不同形式的活动，团队内成员之间进行密切交流、合作；不同的团队之间互相学习、竞争。该制度主要用于培养学生的家庭归属感和社区荣誉感，为西方教育界常用语）于1991

年引进，旨在促进体育竞争并且建立学校精神。之后，个别学生为帮助所在学院赢得积分，他们所参与的活动不仅仅局限于体育领域。学生可以在学校生活中的四个领域获得积分：完成任务、学习、运动及艺术。除了提高学生的体育能力以外，该项目还可以让所有学生拥有归属感。

年级教室团队与学院体系共同运作，这二者在一起进行了纵向整合，以此来确保创建年级社交网络。

(四)学生领导

学生有很多机会加入正式的领导团体当中。但是，我们也在审视当前这种学生管理体制，想为年轻学生创造更多的机会。因为在当前学生领导团体中，参与的学生主要来自十二年级。

学校行政领导团体由两名学校校长、两名副校长和两名学生代表委员会主席组成。这些学生都是来自十二年级。另有 7 名活动领导者和 8 名学院领导者也同样由十二年级的学生担任，他们不担任行政领导者，四个学院当中每个学院可以分别派出两名学生。一般而言，男女人数大致相同。

十二年级的学生代表负责召开会议，每个年级各出两名学生代表参加会议。

如果有学生想要加入行政领导的队伍当中，他们可以申请相关职位，接受高级领导小组的面试，并且在年级团体以及学校教职工面前介绍自己。当学生和教职工同时参与竞选，那么在做出最后决定之前，还需要考虑其他的因素。一且领导队伍中有人想要退出，那么，这就可以给想要加入的学生提供机会。他们需要回顾以往团队的工作内容，为来年确定活动主题，并制订他们的活动计划。

（五）功绩系统

功绩系统为学校教职工提供了认识并且评估学生行为的机会。主要功绩评选项目有：学业成就、积极表现、班级作业、学校服务或者群体服务、身着制服。

功绩系统是通过累计运作的，学生的工作等级分为青铜—白银—黄金。

（六）社区服务项目

这里的学生能够忠于自己的信念，并且做出善行，这一点至关重要。其他学校也许会将此称为社区服务项目。每年，学生会制定学习目标及幸福感目标，这是"幸福感学习曲线"的一部分，这已经延伸到了信念行动。学生和家长一起设置目标。当学生无法在更广泛的社区当中实现自己的目标时，学校会为他们提供机会。比如，辅导低年级学生，筹款，开启本土感受之旅，做开放之夜志愿者，拜访老年护理中心，为小学生朗读等。

五、总　结

正如您所看到的一样，学校设置的相关项目与联合国教科文组织提出的安全、包容、促进健康的学习环境等概念保持一致。澳大利亚政府旨在通过构建积极关系、改革教育来关注学生的生理以及心理健康。《新南威尔士州学校卓越制度》写道："优质学校会采用极具战略性及计划性的方法，来支持发展所有学生的认知、情感、社交、生理和精神健康。"

通过全面、有计划的方法促进学生的幸福感，在这个方面虽然学校完成得非常出色，但校长认为还有漫长的一段路要走。时间在密排的课程中非常珍贵。

综上，我们可以得出一个有趣的结论，即"教师幸福感与学生幸福感之间存在非常紧密的联系"。

健康学生关系的建立方法

——哥斯达黎加西部学校的行动

辛西娅·得尔加多·伊达尔戈

校园中任何形式的暴力和欺凌行为都侵犯了基本的教育权利，且不安全的学习环境降低了所有学习者的教育质量。只要有学习者在校园里遭受了暴力行为，那么任何国家都无法实现包容、公平的优质教育。校园暴力和欺凌行为也可能严重损害儿童和青少年的健康和幸福感，并对以后的成年生活产生不良影响。

儿童和青少年之间可能发展出不良关系，这是当今世界范围内的主要问题之一。教师每天都必须处理一系列不尊重他人、缺乏宽容甚至是暴力的事件。在这样的社会环境中，我们亟需花时间处理这些情况，以促进对彼此、对每个人的了解。

所有这一切，都是为了提高校园环境质量，更是为了提高学生的生活质量。

校园暴力和欺凌行为遍及全世界，并影响到相当大比例的儿童和青少年。据估计，每年有 2.46 亿儿童和青少年遭受了某些形式的校园暴力和欺凌。因国家和研究的不同，受校园欺凌影响的儿童和青少年比例估算值也不同，人数从占比不到 10% 到超过 65%。在 2016 年联合国儿童基金会实时信息系统 U-Report/联合国暴力侵害儿童问题秘书长特别代表(SRSG-VAC)的民意调查中，18 个国家的 10 万名年轻人做出了反应，其中 2/3 的受访者表示他们是欺凌的受害者。

哥斯达黎加也有这样的情况。实际上，哥斯达黎加教育部从预防欺凌行为、支持可能受到欺凌影响的学生出发，建立了《反欺凌协议》这一行动方针。该行动方针着重教导学生不要进行言语、情感、身体或心理上的任何形式的虐待。

据有关调查显示：41% 的女生每周经历 2～3 次，38% 的女生每周经历一次。有 61% 的男生表示他们每周都会遭受一次欺凌，且有 27% 的男生每周需面对 2～3 次欺凌。在这样的情况下，55% 的学生学业成绩较差，22% 的学生难以集中注意力，12% 的学生难以学习。

如此一来，有 45% 的学生表现出易怒情绪，33% 的学生表现出沮丧情绪，11% 的学生表现出痛苦情绪。这样的情形绝对不容乐观。实际上，从这个例子中我们可以看出，教育系统的所有参与者都必须尽快找出其他的办法来改变这种状况。

还有一点和哥斯达黎加社会整体风气有关，即在解决问题和冲突的时候，哥斯达黎加的文化是采取被动和非对抗的形式，我认为这一点与上述情况绝对有关系：当面对亟须解决的重要问题时，哥斯达黎加人的微妙对立型［被动攻击型（译者注：人格障碍类型之一，即用消极的、恶劣的、隐蔽的方式发泄自己的不满情绪，以此来"攻击"令他不满意的人或事）］人际沟通方式阻碍了学生间的和平共处。

由于这一切，西部学校决定提出一个干预计划以阻止各种形式的欺凌，但更主要的是防止各种欺凌行为的发生。以这种方式，我们在大约15年前就采用并实践了联合国教科文组织在2017年《校园暴力和全球欺凌现况报告》中所提倡的反对校园暴力和欺凌的程序：

教育部门有责任与其他部门、其他利益攸关方合作，保护儿童和青少年免遭暴力侵害，并为所有学生提供安全和包容的学习环境。学校也是一个可以改变对待暴力的态度、可以慢慢灌输非暴力思想的地方；学习环境和教育内容都可以灌输对人权、性别平等、尊重和团结的价值，以及和平沟通与解决问题的技能。此外，无暴力校园还可以促进更广泛的无暴力社区。

在过去15年中，哥斯达黎加西部学校一直在努力发现潜在的冲突局面，为我们的学生推行大量开放、友好型对话，建立一种反主流风潮的文化。我们可以用这种文化来替代无效却更常见的被动攻击型文化。在哥斯达黎加西部学校，我们的文化推广基于以下方式。

(1)关于暴力和不尊重态度的明确规定。以任何方式实施暴力的人都会立即被送回家，这样做，一是为让学生冷静下来；二是向社区里的其他人发出明确信息，我们对严重的言语和肢体暴力行为绝不容忍。除了相应的纪律后果外，学生还需要彼此道歉，并根据具体情况向学生群体的其他成员道歉。

(2)强调积极的纪律方法。表现出虐待行为的学生往往也是那些缺乏积极关注、鼓励和强化的孩子(当然也并非全是这种情况)。因此他们通常对积极的纪律方法反应很好，而这种方法也旨在唤醒他们最好的本性。

(3)通过同学之间、教师和学生之间、家长和教师之间、家长和学生之间的调解，寻求双方都满意的协定。学会吐露心声，倾听、检验别人是否说话算话都需要时间，但都是值得的。这可能是最有价值的尝试，因为有了它，我们不用花费精力、时间和资源来解决更大的问题。

(4)对冲突进行认真的多因素分析，鼓励每个学生说出自己的故事，认识到自己为冲突的发生做出了哪些"贡献"(而不是一味地指责他人)。使用善意协定，让参与方承诺不会再为事件的升级"火上浇油"，而不管另一方是否也会做出同样的努力。这是一种心理策略，并且取得了非常令人满意的结果。

（5）持续监控学生行为，以便在发现违规、消极行为时进行干预。哥斯达黎加西部学校学生团体很小，这一点做起来很容易。教师更容易了解每一个学生，在学生表现出他们认为不合适的态度后也能及时发现。

（6）当我们观察到某个学生表现出不合规范的态度时，我们会立即关注学生。

（7）我们每年或是在我们认为有必要的时候，都会进行教师培训，确保教师跟上我们的纪律方法。

（8）对教师的共情性倾听、对他们态度的判定以及对强调学生学习方法的搜寻进行建模。

以上方式得到的效果如下：

（1）学校里行为问题更少了，建立起了一个总体上更加健康的校园。

（2）对彼此的理解和容忍度明显上升，有利于建立相互尊重的社区。

（3）随着年龄增长，学生在面对他人时变得越加坚定自信。因为他们知道，相比于不尊重他人，尊重他人的态度可以得到更好的结果。

（4）在发现其他学生中有让人无法接受的行为和反应时，学生更有信心可以大胆地说出来。

（5）教育、学习环境得到提升。

（6）学生的得体行为、相互尊重的态度。比如，在野外实习、国际交流、露营、参会时学生的表现，得到了外界的肯定。

（7）我们得到了学校共同体的认可。对于刚来到我们国家、在适应学校时遇到困难的学生，或遭受过任何形式的欺凌的学生来说，我们学校是不错的选择。

最后一点，我们都知道，世上没有完美的学生、完美的学校或完美的社会，何况我们自己也面临着自身的问题和挑战。

我们也知道，一般来说，所有学生都处于学习过程中：他们相互学习，也从教师和大环境中学习。

俗话说得好："你在做，学生在看。"同样，我们坚信每个学生都是天性善良的，我们的每次干预都是以这一点为前提的。我们每天都在期望，我们的学生从学校出来后能够意识到自己的价值、自己善良的一面，以及与他人尊重沟通的能力。

我们坚信教育是双向的：它既是学术教育，也是人际教育，二者都意义非凡。

我们之所以每天都在期望，是因为我们相信教育是能让世界更美好的最有力的方式，还因为世界上还有很多跟在座的各位一样，希望做出改变，且每天都在努力的人们。

以学生的紧密关系和幸福感为核心

——澳大利亚圣凯瑟琳学校的育人理念与行动

黛博拉·克兰西

圣凯瑟琳学校是澳大利亚历史最悠久的女子学校，2018 年是我们建校 162 周年。我校是一所基础教育学校，有学生 1040 名，分布在七至十二年级。

我们的方法分两个部分。一方面，我们注重学术严谨性，在学业上让学生挑战，对学生要求高；另一方面，我们也认识到学生要做到最好，需要认识到自己的价值，有韧性，有决心。学生要和同龄人、老师和学校建立稳固的关系。

我们对圣凯瑟琳学校女孩的期望是，培养她们成为具有个性和智慧的年轻女性，能为世界做出独特贡献。

我们的价值观是我们想教授给女孩们

的重要部分。

正直表现为诚实、公正，遵循正确的道德原则行事。个人正直的力量改善并凝聚我们的学校、社区乃至社会的力量。

坚韧让我们能凭借乐观的精神在困境中重新振作起来；坚韧给我们勇气迎接挑战，做出艰难的抉择，在逆境中坚持不懈；坚韧赋予我们刚毅的品格，在反对的声音中，能坚定自己的信念。

尊重是紧密关系的基础，它让我们能用体贴和尊敬的心对待他人。我们学校促进互相鼓励、互相尊重和互相关照，我们接纳不同背景、不同技能和做出不同贡献的学生。

关系是所有交流的核心。紧密的关系有益于我们的健康，让我们能感受到自我价值，珍视他人的贡献，在生活困苦的时候为我们提供避风港。在学校里关系处于中心地位，我们珍视各种关系。在国际社会中，建设性的合作交流对于有效、包容地参与国际社会活动来说很重要，我们要重视这些交流合作。

服务是爱的彰显。持有热情慷慨的心，想着别人的需要，能培养我们的归属感，建立和他人的联系。服务凝聚群体，塑造性格，增强自己和他人的幸福感。

学生要茁壮成长，必须参与学校事务。因为调查显示，决定学生能否在学校取得成就的重要因素之一是社会归属感。学生需要融入感和他人的尊重。学生要在学校里茁壮成长，需要热爱学校。

我们学校采用积极正面的教育，将积极心理学项目融入课堂和学业关怀课程中。每个学生都归入一个家庭小组（约16名学生），小组成员共同度过6年的中学生活。在学业关怀课程中，我们有意侧重幸福五元素［PERMA，该理论由"积极心理学之父"马丁·塞利格曼（Martin Seligman）在《持续的幸福》（*Flourish*）一书中提出］，并为学生制定了连续性的积极心理学课程。我们让每个学生都完成24种人格力量测试（VIA），并告诉学生如何在学习、关系和人生旅途中发挥她们的优势。

在七至十二年级的升学过程中，我们每年都有侧重点，关注与学生年纪和健康相适宜的领域。我们希望学生不仅取得优异的成绩，而且能在全球视野下茁壮成长。在初中阶段，我们重点关注关系、积极情绪和归属感。在学生要面临期末考试的时候，我们向她们教授技巧，让其成为坚韧不拔、意志坚定的学习者。我们讲授的积极心理学课程是一个连续性的课程，根据不同年级学生的需求，对侧重点进行调整。

服务是我们要实现学生幸福健康的重要关注点之一。每年，每个年级、每个家庭小组都会有一次参加服务的机会，借此鼓励学生奉献他人、服务他人。九至十一年级的学生有机会到柬埔寨的小村庄工作。我们有十年级的学生在约克角的土著居民社区工作。

在高中阶段，我们设有学伴制度。十年级的学生和七年级的学生结成学伴；十一年级的学生与八年级的学生结成学伴。这个项目意义重大，因为十年级的学生获得了领导机会，而七年级的学生可以从学姐那里获得宝贵的建议。在我们的学业关怀项目中，每天你可能看到的场面是十年级的学生和七年级的学生在家庭小组里一起写歌、唱歌。她们接着可能就会为十二年级的学生演唱这首歌。十一年级与八年级的学生在初中阶段也会这样，一名幼儿园学生会与一名六年级学生结成学伴。每周初中会有"周五朋友"活动。在这个活动中女孩们会坐在一起集会。女孩们非常珍惜这种关系。我们会分配十二年级的班长到初中部班级进行定期访问。这些关系很重要。我们的学生参与学校事务，学习提升自己的幸福感，改善学习习惯。

在有关学业方面的课程中，我们关注四个领域，分别是培养积极情绪、培养意志力、培养学习坚忍性、建立亲密关系。

我们在每个领域都提供主要经验、机会、课程和练习。从幼儿园开始到十二年级对学生进行发展性教育，为学生制定了明确的范围，准备了一系列活动和经历。

培养学生积极情绪的方式之一是让所有学生写日记记录他们发现的美好。我们作为教师团体也参与"发现美好"这个活动，并且每晚鼓励家人在饭桌前做同样的事情。写日记这一想法是为了鼓励学生注意到积极向上的经历，以此强化她

们感恩和积极的情绪，使她们最终能塑造一种思考方式，增
强对未来乐观的心态。

此活动的重点是她们将自己所做的与同组的学生分享，
培养在日常生活中识别积极情绪的技能。我们趋向于关注事
件的消极方面而不是关注积极方面，所以此活动重要的好处
之一是帮助抵消负面情绪。这样做能培养乐观的精神，建立
稳固的关系。

近期从神经科学取得的进步可知，大脑比我们了解到的
更具可塑性。对大脑可塑性的研究解释了神经元间的连通性
是如何根据经验变化的。练习可建立神经网络新的联结，同
时强化了已有的联结，生成髓鞘加速神经刺激的传递。神经
科学的发现成果表明，我们可以采取行动促进神经细胞的生
长。比如，我们运用优良的策略，询问问题、进行练习，养
成合理摄入营养和按时睡眠的习惯。

练习得越多，大脑发展越多。我们需要告诉学生，毅
力、决心、坚持不懈和学习的坚忍性都能增强动力，提高成
就。研究表明，当学生了解到智力是可塑的，他们就能得到
鼓舞，提高成就。学生如果理解并相信这点，就可以在学校
表现得更好。

我们将学习的坚忍性和对可塑性的研究与积极心理学很
好地结合起来，因为我们知道学生体会到更高层次的幸福
感，就能在学业方面表现得更好。

坚持不懈、能自律和有毅力体现了学生在学习方面的坚

忍性，这使得她们能在学习方面取得成功。学业优秀的学生有坚毅的品质，对学校持有积极的情绪。

除了告诉学生智力的可塑性之外，研究人员注意到教师的教学实践对学生的心态也有很大影响，教师给予学生的反馈可能鼓励学生选择挑战、提升成绩，也有可能让学生寻求简单易行的出路。比如，对各类称赞的研究表明，称赞孩子聪明能培养固定心态；称赞孩子勤奋、努力，可培养其发展心态。若学生拥有发展心态，就能接受挑战并通过挑战进行学习，也因此能提高能力和成绩。

拥有固定心态的人，以验证为目标，不断试图证明自己，所以他们犯错时会高度敏感。失败会让她们产生怀疑，损害她们的品格，摧毁她们的自信。总之，有固定心态的人总是感到焦虑，面对挫折和批评时很脆弱。

过去几年间，我们调查学生以获取评判她们幸福感的标准（使用了 ACER SEW 测试法）。这个测试使我们能运用各年级学生最需要的幸福五元素对学业关怀课程进行调整。从高中阶段的角度来看，学生会发现进入七年级，要面对很多挑战和新同学。通过学业关怀课程和校内外演讲者的讲说，我们和学生一起识别他们的性格优势，注重积极情绪的培养和识别。进入八九年级后，许多学生陷入友谊问题和青春期的泥沼中。面对这些不同的挑战，我们仔细研究了心理学家卡罗·德威克对坚忍和恢复能力的研究，并在九年级运用"放在远景里看待"这一观点。

　　年纪大些的女孩眼光更长远，会考量毕业后的生活。我们将学校的目标铭记在心，运用学业关怀课程重视学生毕业后能立身处世的技能，包括心智觉知、压力管理和目标设定。

　　发展心态可以习得，这是我们对八年级学生的重要关注点之一。我们教学生关注学习的技巧和科目学习的方法，而不是只关注结果。我们期望学生勤奋的同时注重学习的策略和方法，不要只是努力学习而要聪明地去学习。

　　我们知道反馈很重要。正如哈蒂在他的作品（《可见的学习》，2009 年）中所说的那样，及时有效的反馈很关键。我们及时将建设性的反馈传达给学生，以让她们建立学业幸福感。学生需要理解并相信如果她们发展这些技能，就能培养发展心态。

　　在学生培养发展心态的同时，我们保证教职工也能拥有这些技能，可以和学生一起进步。我们提供专业的积极教育，教职人员中 50 多人完成了为期 5 天的积极心理学课程，该课程由宾夕法尼亚州立大学教师讲授。

　　我们以学生的紧密关系和幸福感为核心，以上都是在这个前提下进行的。

通过社会情绪学习实现全人教育

——美国威斯康星州迈克弗兰德学区的行动

亚伦·塔奴泽

过去十几年间，我在迈克弗兰德地区担任校长。在这之前我是一名学校社工，这份工作激发了我致力于帮助学生和家庭解决困难的热情。我毕业于威斯康星大学麦迪逊分校，获得了社会工作学士学位、社会工作硕士学位和教育管理硕士学位。我在威斯康星州麦迪逊长大，我和妻子还有两个十几岁的孩子还住在麦迪逊。

我从事社工和基础教育工作，所以很钦佩你们为全球学生的健康而做出的努力。在美国特别是在威斯康星州，我们高度重视健康教育。威斯康星州定义健康教育的标准很宽泛，包括：

（1）增进健康与预防疾病；

（2）了解家庭、同龄人、文化、媒体和技术如何影响健康行为；

（3）获取有益于健康的有效信息和产品；

（4）运用人际交往技巧增进健康，降低风险；

（5）运用决策技巧、目标设定技巧和促进健康行为；

（6）倡导个人健康、家庭健康和社区健康。

我们学校致力于全人教育，这对我校学生及我校文化产生了重大影响。今天有幸与大家分享这些影响。"全人教育"这个词就表明，我们除了在学业方面对学生有要求外，也强调社会情绪学习。家长有独特地位能影响孩子的情绪健康，我们并不是要取代家长，而是与他们并肩合作。

印第安芒德中学的宗旨体现在我们的宗旨宣言中："印第安芒德中学旨在培养有参与感和适应能力的人，有批判性思维的、有合作意识的、求知若渴的人。"这个宗旨的设定标准源自企业对未来所需员工的要求。"适应能力"这个词指的是学生在生活中设定目标、做出决策和克服挑战的能力。"合作"指的是学生的人际交往技巧，在完成共同目标的过程中与他人共事的能力。

我想向大家介绍一下背景。迈克弗兰德位于威斯康星州南部中心地区，在首府麦迪逊外围。麦迪逊地区风景优美，公共教育体系完善，有威斯康星大学麦迪逊分校，失业率低，商业和娱乐机会众多，在 2017 年 2 月《美国新闻和世界报道》(*U. S. News & World Report*)评选的最佳宜居城市中排名第 18 位。迈克弗兰德地区约有 8000 名居民，学区约有 2300 名学生，其中有 550 名学生(11～14 岁)在中学(六、七、八年级)就读。

我们学区教学成绩在威斯康星州一直名列前茅。威斯康星州公共教育部根据综合分数(学生分数、毕业率和其他类似基准)发布的最新成绩报告认定迈克弗兰德地区的五个学校全部为"超出预期目标"或者"远超预期目标"的学校。

但是，众所周知，排名和标准化的测试只是报告成功的两个手段，坦率来说，通常是浮于表面的。数据和数字并不能说明所有问题，也无法展现全人教育的各个方面。和这里及全世界的学生一样，我们的学生也面临同样的挑战。随着压力增大和担负的期望增高，焦虑和抑郁情绪也大幅增加。我们不能看到这种情况才采取行动，从道义上来说，我们也要为学生提供方法和手段，培养他们的适应能力、创造力及情绪健康。

青春期的早期阶段是非常困难的阶段，因为学生需要努力调节与日俱增的强烈情绪，解决与同龄人的矛盾冲突。这些问题干扰了他们的学习。缺乏安全感和社会融入感，学生的学习表现会不及他人。

回想我在这个脆弱阶段的经历，我记得感受过以前没有或者在某种程度上没有感受过的情绪。我不知道我是谁，也不知道如何突破瓶颈，实现目标。我想被人接受，拥有归属感，但却与我的同龄人和父母分离开来，孤身一人。正是因为有这种情况，我们要求学生辩证思考，培养创造力，团结合作，学习更加严谨的内容。

总之，我们认为社会情绪学习（SEL）是在学校和人生中取得成功的重要因素。

社会情绪学习会对学生产生积极影响。2011年的调查分析发现，参加社会情绪学习课程的学生在社会情绪技巧、态度和行为方面有显著进步，同时在学业方面也有很大进步。社会情绪学习能促进学生学业进步，具体情况如下：

（1）考试成绩提高11个百分点；

（2）社会情绪技巧提高23个百分点；

（3）对自己、他人和学校的态度改善9个百分点；

（4）在学校和课堂上的表现改善9个百分点；

（5）课堂行为和攻击行为等行为问题降低9个百分点。

全国的教育工作者承认社会情绪学习是有益的，同意学习社会情绪技巧是教育中必要且重要的部分。社会情绪学习发展学生的情绪智力，开发成功生涯、健康关系和幸福人生所需的技能。

我想用接下来的时间与各位分享我们如何满足学生的这些需求。正如会议期间可能听到的演讲一样，完成这一工作的普遍载体就是独立的健康课程。我们学校确实为七年级开设了这样一门课程，学生深入参与课程，探讨健康、卫生、压力管理、酒类和其他药物的使用、心理健康、自杀预防等主题。三个年级全部学生还参与了家庭和消费者科学课程，该课程教授内容包括家庭、负责任的性行为、营养及理性决策。

尽管这些课程为学生所需知识和技能打下了基础，但是我们发现教授的内容仅仅局限在课堂上，对学生的影响是有限的，因为学生需要将所学内容在他们生活和学习的环境中进行转换。

我们与其他学校的不同之处在于我校所有教职工都参与到社会情绪学习这一重要工作中。每天都有 20 分钟时间侧重社会情绪学习，学习小组由 15～17 名学生外加一名成人组成。这种形式被称为"咨询时间"，是中学阶段教育的通用组成部分。因为有些学生在青春期阶段变得更加独立，而这段时间能让学生和成年人有更深入的联系。

能够鼓励引导学生培养社会情绪技能的前提是创造让学生感到安全并能信任他人的环境。除了采用小班的形式营造这一环境外，我们让每个小组培养自己的身份认同感。学生和教师确定小组名，研究出与学校宗旨相关的口号。组员参加团队挑战，在玩乐的同时学习团结协作。

我们通过运用儿童委员会(Committee for Children)开发的"第二步课程"教授学生这些技能。儿童委员会是 1979 年成立的一个非营利性组织。该组织"倡导、研究并发展教育项目，借助社会情绪学习保证学生的安全和增强学生健康"。

该组织每年在 70 多个国家惠及 1400 多万儿童。"第二步课程"的目标是不仅要培养更优秀的学生，而且培养更优秀的公民。该课程基于网络，运用青少年大脑发展和社会心理学的最新研究为学生提供健康成长所需的方法。

该课程主要有 4 个单元：

（1）心态和目标：培养学生成长心态，学习基于研究的策略来实现目标。这些课程可运用到学生的社交和学习方面。

（2）价值观和友谊：学习在个人价值观的基础上做决定，建立稳固的友谊和关系的同时避免其消极方面。

（3）思想、情绪和决定：学习思想、情绪和决定之间的关系，学习在情绪激动时的自控策略。

（4）严重同伴矛盾：学生学习如何识别、避免、解决严重的冲突和矛盾，同时也学习防御欺凌和骚扰的策略。

该课程为学生提供了真实的生活场景，在他们决定如何回应的时候给予指导。学生观看其他学生的视频，采用整个班级协作、小组、结对或者个人的方式，进行角色扮演，或者演示出如何应对特定事件。这个活动的重要部分是为学生提供机会可以在小组内分享他们的想法和感受。学生通过交流环节轮流分享想法，学会聆听问题和深入思考对他们有影响的重要问题。

这个课程对我们教职人员和学生有深远的影响。以下引述了我们的学生对这一课程的看法：

我认为价值观是最有帮助的，因为你可以对你做出的每个决定进行反思。

我认为课程教会了我们什么是冲突，当然最有帮助的是大脑是如何发育的这一部分。

对我来说最有用的是学习大脑的相关知识。我喜欢学习大脑的不同部分，学习大脑是怎样运作的。

我最喜欢学习关于欺凌的知识。它展现了被欺凌的孩子受到的影响，也说明了如何制止欺凌，如何帮助受欺凌的人和自己受到欺凌了该怎么办。

我喜欢把烦扰我们的事情说出来，或者分享最幸福的时刻，同学们都能够理解。

关于如何处理愤怒以及如何冷静下来的步骤和实用提示的那个单元很有帮助。因为有些小组我不得不同他们一起活动，这让我很生气，我必须得休息片刻才能冷静下来。

我喜欢看视频，视频能展示出人们解决问题时的真实声音，而那些事情你可能也会经历。

以下引述了我们的教师对这一课程的看法：

学生对这些话题很感兴趣，并且和视频中说话的学生建立了联系。

这个课程解释了与大脑发育相关的活动，学生很享受这一课程。

我校社会情绪学习的另一个重要部分是我们对此进行评估，并向学生提供一个单独的评分等级。我们相信我们称为

"行动和努力"的就业技能很重要，我们需要就挑战自我的能力、与他人协作、互相尊重体谅，以及努力勤奋这些方面向学生和家长提供反馈。

总之，我希望大家认识我们所分享的全人教育是值得提倡的。如果你们也有和我们一样的目标：为世界培养有参与感和适应能力的公民，有批判性思维的、有合作意识的、求知若渴的人，你们或许就认可我们在教育学生设定目标、实现目标、做出决定、解决矛盾、与他人协作完成任务、管理情绪方面扮演的角色。我希望你们会认识到我们有能力培养学生成为有责任、懂尊重、有适应能力和同理心的人。

关注学生心理创伤　创建敏感学习环境

——美国艾奥瓦州奥斯卡卢萨学区的行动

安德鲁·特克

当我置身此处，环顾礼堂时，我在想，今天聚集于此的是多么优秀的一群人！我很幸运能够成为全球基础教育研究联盟的一员；我非常感谢你们表示的善意和慷慨。我谨代表奥斯卡卢萨校董会、校长及全学区，感谢石家庄外国语学校强新志校长协办这一重要活动，推动开幕式开展，并邀请我今天发言。我还要感谢裴女士和苏珊女士让活动得以实现，并向石家庄外国语学校所有敬业、优秀的管理人员、老师和学生表示诚挚的敬意。2014年，我们成为姊妹学校。从那时起，我们便在我们的社区、学区和家庭之间交换了许多学生和教师访问学者。这份长久的友谊还在继续蓬勃发展。每年，我们对彼此文化和教育体系的理解都在不断加深，但最重要的是，我们的学生正在从一个较安全的世界环境中受益。在这个世界中，全球教育不仅变得普遍，而且正在成为衡量社会先进与否的标准之一。

我们为艾奥瓦州学区感到自豪。和在座的每一位一样，我们努力为学生提供最好的机会，帮助他们在未来收获成功。我们努力把我们的老师培养成为好老师，期望我们的学区能够营造安全无患、孕育人才的学习环境。我们的学生正面临着一个快速变化的世界。社会、生态、经济和政治环境给我们的下一代带来的挑战层出不穷，有时难以跟进。当我们穿过这片新地带时，学校似乎也面临着一些独特的环境。

童年创伤是我们学区今天面临的一个具体问题。关于童年创伤和不良不安行为关系的讨论时常引发"天性与教养"的争论。它提出了一个问题：为什么有些学生受某些事件的影响会比其他学生更强烈？这种现象对我们教育专业人士而言，意义何在？

基础教育阶段学生的心理健康状况对我们教学有效性有着深远的影响。我们正在更多地了解帮助学生解决因心理创伤引发重大行为问题的有益方法。

儿童时期的积极和消极经历对未来的暴力和受害倾向以及终身健康和人生际遇有着极大的影响。很明显，童年经历的情绪反应是基础教育阶段学校所面临的一个重要问题。最近该领域的许多基础性研究被称为童年期不良经历研究。

我们一直认为儿童适应复原能力最强，能够很好地处理创伤经历带来的影响。但事实上，童年是我们最容易受到创伤持久影响的时期。

二十多年来，我一直是艾奥瓦州的一名教育工作者。在此之前，我曾担任社会工作者、少年法庭官员和青少年滥用药物咨询师。我毕生致力于研究儿童和家庭问题。我亲眼看到情绪和心理斗争对人们幸福、人际关系和应对能力的影响。我相信大家也发现类似的斗争也会渗透到学校的教室。

我们每个人都可以从自身的经历中了解到学生校外生活的重要性。教育工作者一直都知道，我们的学生在校外的情况对他们在学校成功与否有着深远的影响。早期研究包括种族偏见在美国学校的影响。我们都读过有关学生智商受家庭社会经济地位，还有父母受教育程度影响的研究，以及这些因素如何影响学生在学校取得的成就。我们都意识到了词汇发展、饮食锻炼、学习动机及许多其他因素如何有助于我们的学生获得成功。近期约翰·哈蒂发表了一篇元分析研究，编制了一份影响力大小不同的因素名单，这些因素与一些学生在学校取得成功而另一些学生没有成功的原因有关。

最近，我们正在密切关注童年期不良经历或童年期创伤经历对学生在校行为的影响。

明白这种创伤是什么很重要。我所说的童年期不良经历，包括某种形式的人身威胁或对人情绪健康的侵害，这些经历会带来恐惧感、无助感，缺乏控制力。这些强烈的经历会对身心健康产生影响，会击垮人的应对能力。

这些影响通常被称为创伤后应激障碍（PTSD）。在过去，这种诊断病例很少见，主要是基于成人创伤经的诊断。虽然此项研究已经进行了数十年，但很少有儿童符合创伤后应激障碍的诊断标准，即便是那些被确诊为有重大创伤经历的儿童也难以被诊断。目前，精神创伤专家正在为患有发展性创伤障碍（developmental trauma disorder）的儿童研究新的治疗方法。支持性方法（supportive DTD approaches）提供了一套体系，帮助教师和辅导员认识和了解早期创伤对个人发展在儿童期、青春期乃至成年期的影响。

那么，什么方法比较有效？

我们曾认为（很多人现在也这么认为），如果我们能够做出正确的诊断，并对症下药，用正确的药物和疗法进行治疗，就能治好那些在学校有严重行为问题的学生。

如果许多传统疗法对创伤治疗无效怎么办？我可以保证，我们知道这些疗法没用，但我们还是会继续这么做……因为我们不知道还能做什么。

最近，我们学区正在发生根本性的转变。我们不再单单依靠一般性诊断、药物治疗或是把原因归咎于受害者，而是在学校为有创伤经历的青少年创造更加安全的空间。我们的这种尝试更有疗效，能够让学生走出失落和悲伤的阴影。

当一个人的大脑健康发展时，这个人就能够比较客观地感知世界，灵活地解决问题、规划未来。他能够辨知感受，忍耐情绪，并从中学习、收获，最重要的是学会管理情绪。我们可以预测到，这个人会形成稳定的认同感和自我效能感，和他人建立起信任关系，并在最需要的时候能够得到他人的支持和帮助。

当学生的情绪得到健康发展时，他们的大脑就能够拥有良好的调节功能。这就意味着他们负责逻辑思维的左脑和情绪感知的右脑可以协同工作，当他们感到精神压力或痛苦时，大脑就能够应对并恢复到稳定状态。

脑科学家告诉我们，创伤实际上操纵的是负责逻辑思维的左脑。因此，科学家维姬·凯莉将其称为"强大的负面情绪对意识进行敌意接管"。从传统意义上来看，如果我们只把学生的行为简单地归为做出了正确的决定或是错误的决定，那么这会严重地影响学校及其如何处理学生的行为。脑科学研究证明，解释远没有那么简单，受创伤冲击的大脑无法可靠地访问和使用负责逻辑思维的左脑来做出人们需要做出的决定。

从可见设施来看，我们学校和社区都配备多种报警系统。我们有火警报警器、烟雾报警器、龙卷风预警还有警报器，一旦附近有危险就可以触发。想象一下在你的成长过程中，脑海中一直萦绕着"危险、危险、危险"的警报会怎样。

这会严重干扰你利用可用资源的能力，影响你和周围人建立稳固的关系。

当传统治疗方法不起作用时，我们曾认为有些人无法治愈，或是他们拒绝治疗，又或是他们不适应治疗服务，因为有太多服务是短期的。发展性创伤需要长时间的治疗，无法短期治愈。令人伤心的是，那些极需要我们帮助的人却又很难参与我们的治疗。这就带来了一个问题：在我们能帮助他们之前，那些受创伤冲击的人的病情必须得到好转吗？答案应该是否定的。在过去数十年的研究中，我们从未像现在如此了解创伤及其对儿童情绪健康的影响。创伤治疗未来有望。我们需要学会如何进入并平复大脑。

如今，我们在采用新的治疗方法让学生做出更好的选择。鉴于创伤经历会带来无助感，创伤知情护理(trauma in-formed care)帮助学生重新获得控制感。我们努力帮助学生明白自己有选择，帮助他们解决选择可能带来的问题。我们不是告诉学生该做什么，而是关注学生的长处和优势。我们告诉学生他们具备从创伤中走出来的能力，让他们回顾过去做过的积极选择，并将这些选择与他们的能力联系起来，帮助他们实现未来的目标。

我们都知道，知识就是力量。因此，我们尝试向学生解释，创伤是如何影响他们的。我们会事先如实地告诉学生他们身上所发生的事情。我们会牢记自己的角色，明白能做什么、不能做什么，为学生提供所需的信息和资源。重要的是，我们会根据个人选择帮助预测将来会发生什么。预测将来是为了增强控制要做的下一件事情。请记住，创伤受害者过去常常不被注意、倾听或相信，所以他们可能会采取古怪的举动作为一种防御机制或用来搏人注意，这就是为什么与学生建立安全关系如此重要的原因。那些声称关心受创伤学生的人给他们造成了二次伤害。他们之间的关系不平等。他们可能习惯了"赢—输""加害者—被害者"和"强势—弱势"的关系，认为不可能区分安全和不安全的关系，没有哪种关系是安全的。

当共同努力解决问题时，我们会尝试与学生合作。教师或辅导员不应将自己定位为指导学生生活的专家。我们鼓励他们共同探索学生的生活，思考如何才能逐步实现目标。我们提出问题，并努力以好奇、开放的态度接近答案。我们尽量不做出假设或妄下结论。接受并理解人类的行为是习得行为，而我们在学校所见的不良行为是学生出于生存本能所习得的作为应对技能的行为，这一点很重要。请记住学生的羞耻感源自创伤。保持认识和理解的前后一致至关重要。在解决任何行为变化前，我们始终遵循承诺、反复检查，理解非常重要。此外，我们不断确认学生的情绪也非常重要。

教师或辅导员必须参照自己的情感自查史和创伤史，才能提供有效帮助。我们必须运用和形成自我调控技能。我们要知道如何对学生的行为提供支持而不是控制、操纵。我们明白，为了使方法有效，学生需要将自己的情绪保持在能够思考的状态。我们需要能够辨别学生何时处于战斗、逃避或封闭的状态。在提供帮助的过程中，如果学生情绪平稳，做好了继续前进的准备，我们就该停止干涉。我们需要能够识别引发学生行为的可能触发因素，确认并制定平稳情绪的应对策略。

总之，我们认识到受过多重重压的儿童更容易受到严重影响。儿童期的经历塑造了我们对世界的认知方式。一个人在儿童期接触的不良经历越多，以后面临发展迟缓和健康问题的可能性就越大。因此，作为一个教育工作者而言，增强对儿童期不良经历的认识，透过对创伤敏感的镜片来看待我们的学生，将会为我们以新方式实现教学目的提供机会。

此外，当我们开始关注我们当中许多人在生活中所面临的逆境时，我们不得不感叹我们面对挫折的恢复能力。许多人都找到了挺过逆境的方法。作为教育工作者，我们必须挖掘学生的挫折复原力。我们可以看到，儿童创伤问题已经变得很普遍。几乎没有人能不受创伤的影响，创伤几乎无处不在。它存在于每个人、每个地区、每个社会经济层面，遍及各个方面。由于创伤的影响往往表现为心理健康问题，因此对治疗服务的需求也在不断增长。

然而，在校外，很少有学生在接受他们所需要的服务。绝大多数有心理健康问题的学生并没有接受心理健康服务，即便接受服务，大多也是在校内。请记住，虽然有心理健康问题的学生没有被要求获得专业的心理健康服务，但他们在法律上有上学的义务，而我们在道德上也会致力于为每个学生提供服务。因此，学校应该为受创伤影响的学生提供一个充满关爱、精心培育的环境。由于以上这些不可否认的情况存在，我们的学生需要我们创建并维持一个对创伤敏感的学习环境，并在这样的环境里得到治愈和发展。

回归基础：关注基础技能以满足社会情绪需求

——美国马萨诸塞州伊斯顿学区的行动

丽莎·卡布罗

伊斯顿学区位于马萨诸塞州东海岸，涵盖学前至十二年级的教育，拥有约 4000 名学生，学生年龄一般为 3～18 岁。

在伊斯顿学区工作前，我在一个多元化大城区担任高中英语教师，之后又担任了教学楼和园区的管理员，所以这么说来，我从事教育行业已经 27 年了。在座的大多数人从事教育行业也差不多这么久了，我相信大家都有同样的感受——教育发生了许多改变。作为伊斯顿校区的管理人，我们现在最关注的是适时需要或紧急需要社会情绪援助的学生人数呈指数增长。这也是我在大城市担任教育工作者时所关注的一个问题，但类似于伊斯顿郊区的地区过去并没有看到这一层面的需求。这也在我们为学生提供其所需水平服务的过程中，在人员和资源准备方面提出了问题。

鉴于"社会情绪学习"在不同地方可能有不同的定义，我想介绍一下其在我们校区用作指导的定义。社会情绪学习组织（CASEL）位于伊利诺伊州的芝加哥。该组织认为，"社会情绪学习是儿童和成人获得并有效应用必要知识、态度和技能的过程，这些知识、态度和技能用于了解和管理情绪，设定和实现积极目标，展示对他人的同情心，与他人建立和维持积极关系，以及做出正确的决定"。

研究表明，缺乏这些技能的学生需要外界的帮助和支持才能获得成功。明尼苏达大学的妮可·佩里博士指出，"那些无法有效调节自己情绪和行为的学生更容易在课堂上表现出来，更难以交朋友，更容易在学校陷入挣扎的境地"。这些学生需要得到帮助来全面学习课程，达到教学预期。这些帮助包括教学人员的材料和资源，教学人员帮助他们学会如何应对困难和挑战，获得建立自信的能力。

社会情绪问题可能会妨碍儿童获得这些帮助。社会情绪问题是一种认知障碍，一种心理疾病，可能源于一段创伤经历或创伤史、贫困或者其他任何儿童自身无法改变和掌控的情况，影响学生社交能力或情绪管理能力。遗憾的是，各国有社会情绪问题的学生人数在不断上升。1997—2009 年，情绪障碍成为美国1～17岁儿童和青少年住院治疗的第三大常见疾病。实际上，美国国家精神卫生研究所（NTMH）的统计数据表明，20％的13～18岁的学生出现或易出现严重的心理问题，并且心理问题的严重程度也在不断加剧。有研究者采用元分析统计方法对数千名学生进行研究分析，并得出结论：现代学生的情绪焦虑程度高于20世纪50年代的同龄心理疾病患者。其部分原因在于外部环境威胁的增加及社会内部联系的缺乏。

在马萨诸塞州的中型城市，45％的外地学生有资格获得与情绪障碍相关的治疗服务。2016－2017学年，我们收到了35份辅导申请，为那些无法正常上学的孩子提供辅导。2017－2018学年，辅导申请数量超过了55份，其中52份是由于孩子患有心理疾病住院治疗或有严重的心理焦虑/抑郁情绪在家休养。学生中有些有多种创伤背景，有些无家可归，他们住在儿童与家庭服务部提供的庇护所或寄养家庭。这些创伤经历抑制了学生在学校表现良好的能力。情绪是驾驭思维的船舵，不仅引导我们的学习动机，还影响我们即时解决问题和制定决策的能力。

造成这种上升趋势的原因多样且复杂。然而为了最大限度地降低学生产生情绪障碍的风险，或者至少使学生做好面临风险的准备，我们需要考虑造成情绪障碍的可能性因素以及如何帮助学生改善情绪障碍。这一点很重要。

技术应用是我们在教育中面临的可能造成情绪障碍的因

素之一。在恰当且有目的使用的情况下，技术是一种宝贵的资源。但在美国，随着技术缺乏监管、社交媒体可能被滥用情况的增加，一些学生的行为举止和学习方式受到了影响。然而具有讽刺意味的是，数据统计显示，青少年所处环境比以往任何时候都更加安全。特温格博士的一项研究表明，在美国青少年中，吸烟、酗酒、婚前性行为和未成年怀孕的比例都有了大幅度下降，甚至青少年取得驾照的年龄都有所推迟，其中许多人年满 18 岁后才考驾照。但相比之前，美国青少年拥有更多独处和自由支配的时间。由于面对面社交互动减少，他们在解读身体语言、面部表情以及与同伴有效沟通方面存在更大的困难。此外，社交媒体上的帖子和照片往往经过高度夸大和过滤处理，这会使美国青少年对他人行为的认识不切实际，从而产生"孤独感"或"被冷落感"，最终导致抑郁，甚至自杀。

信息便利也给我们带来了挑战。以前在美国，学生在学校被同学戏弄或欺负，至少回家情绪会得到缓解。他们也可以查明加害人以便学校采取相应措施阻止伤害行为。然而现在，在美国，这些学生会收到帖子、邮件，受到羞辱嘲讽，而这种侵害一般匿名且不间断。加害者涉及更多学生，消息有时只需几分钟就能在校园或社区中"像病毒般扩散"。这也使学校更难以甚至不可能确定消息来源进而阻止伤害。

情绪障碍问题同样也是媒体市场扩张带来的后果。在美国，新闻以每周 7 天、每天 24 小时的频率播出，这也给媒体市场带来了弊端。在媒体忙于播报"即时新闻"的过程中，一些未经全面审查、虚假或煽动性的信息就流向了大众。学生会不断接触到大量负面事件及紧张局势，易于形成灾难性思维方式（catastrophic thinking），进而加剧对世界及其未来的焦虑。

与技术相比，父母对孩子社交和情绪能力的发展影响更深。遗传和环境都可能影响甚至传播焦虑。"易于焦虑的孩子往往有易于焦虑的父母……研究表明，其发生率为60%～80%"。父母（通常为母亲）在孩子面前表现出焦虑行为是很常见的。此外，如果家长没有采取有效的策略来控制焦虑，那么孩子也不会自己形成相应的应对机制。在某些情况下，父母的焦虑也可能归因于他们对技术使用的增加。相比以前，大人更注重研究如何成为称职的父母，不断借鉴成功的育儿经验，吸取失败教训。这些内容信息量大且通常相互冲突，外加媒体不断报道孩子在外界可能遇到的危险，这在无形中增加了父母育儿的恐惧感和内疚感。"愧为人母"或是"父母失职"的言论成了网络自由言论不幸的副产品。这促使许多父母开始质疑自己的判断，甚至以电子方式监控孩子的位置、行为及活动。

这种程度的干涉会抑制孩子自己做决定的能力，不利于孩子从错误中学习，以及培养自主解决问题的能力。其实，这种育儿行为被称为"直升机式育儿""扫雪机式育儿"或者"保护膜式育儿"。这些过度保护子女的父母每天"盘桓"在孩子身边，为他们"清除"人生路上的一切障碍，或保护他们免受任何潜在危险的伤害。这一行为带来的后果是，无论是以后上大学还是毕业后从事第一份工作，当孩子最终独立时，他们会像其他成年人一样面临很多艰难险阻，发现自己无法克服。这种过度干涉在伊斯顿这样的富裕地区更是如此，情绪焦虑和抑郁问题在十几岁青少年和二十多岁青年中很普遍，他们缺乏独立处理问题的能力。虽然大人的出发点是好的，但这种有意或无意避免孩子面对焦虑的方式可能会适得其反。相关书籍，如杰西卡·拉西所著的《失败的馈赠》中详细介绍了这些问题，并提供了育儿技巧，指导家长如何培养孩子独立解决问题的能力。

还有最后一点，我们教师和教育服务人员缺乏相关知识和培训，无法满足学生课堂所需。大多数教师岗前培训只有一到两门关于儿童心理健康需求及解决方法技巧的课程。《行为规范》一书的作者杰西卡·米纳汉说："此情况就意味着让教师在繁忙的备课之余自学这方面的知识，相当于在上下班高峰期学开车。"

不尽如人意的是，我们无法保护我们的孩子避免一切负面情况或境遇的影响。学生可能会面对亲人离世或罹患重病，可能会经历性虐待或身体上的虐待，还可能会发生严重的意外事故或受重伤。即便是当前时事，也对学生认识和理解带来了很大的困扰。诸如战争、袭击、自然灾害或校园枪击等暴力事件会严重影响学生对周围环境安全的信心，影响他们在学校的表现。

在美国，心理疾病、技术滥用、媒体缺乏监管、父母的影响及创伤经历等因素对我们学生的影响超出了我们的监管范围。我们永远不可能跟上新资源和科技发展的速度，也无法掌控父母的育儿方式或基因遗传。同样，我们也无法保护我们的学生免受校外的负面影响，而这些影响会给他们带来心理创伤，导致抑郁或焦虑。

因此，为了帮助学生应对当今复杂的美国社会，我们致力于学生基础观念和基础理解能力的培养，这些能力可以运用到他们人生的各个阶段、各个领域。对我们而言，首先要了解社会情绪学习组织提出的社会情绪学习能力（social e-motional learning competencies）。我们相信，学生在掌握了这些能力后，就能认识到自己需要独立自信，需要能够应对这个复杂的世界。这些能力包括：

（1）自我认知能力——准确识别自身情绪、思想和价值观念及其如何影响行为的能力，充分的乐观自信，拥有"成长心态"；

（2）自我管理能力——在不同情况下调节个人情绪、思想和行为的能力，以及制定和实现学业和人生目标的能力；

（3）社会认知能力——同理心（设身处地为他人着想的能力）、理解社会道德行为规范的能力，以及认可家庭、学校、社区资源和帮助的能力；

（4）人际关系技能——建立和维持健康、有益于人际关系的能力，沟通清晰，善于倾听，能够与他人合作，抵抗社会压力，积极协调冲突，主动寻求帮助；

(5)做出负责任的决定的能力——能够根据道德标准、安全准则和社会规范，选择积极行为，进行积极社会互动的能力。

在伊斯顿，我们相信这些能力对所有的学生都有益，无论他们的过去、背景、经历、能力或需求如何。此外，从学前教育到十二年级，我们各个教育阶段都有相应的培养这些技能的方法。对于学生而言，分享交流这些技能，并与教职员工、管理人员和家长一起练习这些技能会有更多的好处。我们正在通过许多方法实现这一目标。

首先，我们将这些能力纳入我们的课程，并在每个年级教授这些技能。目前，整个学区正在对我们的学生支持系统进行全方位的需求评估，以确保其综合全面、匹配一致。这一举措将有助于我们更好地构建积极行为支持(positive behavioral support)，为学校提供一种更加清晰正式的方法和愿景，还有助于我们更好地与家长及整个社区沟通交流整个进程和方法，以便我们共同协助学生形成这些能力。我们相信大人的榜样作用比指导和练习更有效。如果大人能在生活中将这些能力有效地示范给孩子，那将对孩子成长发展产生更大的影响。在学校、家庭和社区周围营造共同的语言环境，将有助于学生学习、理解和培养这些技能。

在教学技术技能方面，马萨诸塞州于 2016 年颁布了数字读写框架(digital literacy framework)和计算机科学框架(computer science framework)以指导我们运用技术编写课程。这些框架的核心内容包括联结、创建、抽象、分析、沟通、协作和研究。在将这些技能运用到各个领域的过程中,我们希望帮助学生提高对网络安全和行为准则、设计、内容、数字工具和设备、网络服务及计算思维的认识。但是,我们的许多教师和教育管理人员需要大量帮助和支持,因为他们从未接触过这些技术。这给我们带来了一定的挑战。我们正在通过提升教师专业发展和增设特定内容指导来解决这一问题。

我们也意识到,不能单靠直接指导来帮助学生提高社会情绪能力。在真实的环境中,学生学习提高自我认知、自我管理、社会认知、人际关系及做出负责任决定等能力最为有效。在整个学区,我们增设学生与同伴共同参与社会活动、公民活动和服务社区的机会,而这每一次经历都会给学生带来丰富的经验,提高他们的能力。

另外,家长也需要教育和鼓励。他们也在应对一个全新的、复杂的世界。我们制订了一个名为"伊斯顿社区大学"的学区内部技能发展计划。在该计划中,我们为家长和社区成员开办研讨会、课程等。会议或课程主题包括给有社会情绪问题的儿童提供帮助、为不同年龄儿童上网制定适当的指导方针,以及帮助学生完成家庭作业的方法。每项服务都有利于加强学校和家庭间的沟通协作,以便为学生提供全面帮助。通过各方努力,我相信我们会为学生及家长提供更高水平的服务。

学生是最容易受伤害的群体，我们为我们的学生设立了更有力的支持和援助系统。学区的每所学校都配有心理保健咨询师，这些专业人员必须是持证的社会服务人员或具有临床咨询经验的心理健康援助人员。这使我们能够在学生需要的时候，提供干预、咨询并进行预防。此外，现在学区的每个年级分区（学前班至二年级、三至五年级、六至八年级及九至十二年级）都有一个心理健康学习中心（therapeutic learning center）。这一举措为那些面临挑战，有自我调节、恰当决策或人际交往问题的学生提供了一个有益的、支持性的环境。对于在家或医院治疗康复后重返校园的学生而言，这同样也是一种资源。心理健康专业人员可以帮助这些学生稳定其行为表现，重新融入课堂，并进一步培养学生获得成功的能力。

社会的发展和科技的进步令人欣喜，令人着迷，但在我们努力帮助学生应对这个全新世界和新科技领域的过程中，也给我们带来了诸多困难和挑战。如今科技飞速发展，想要预先防范每一种危险已然不现实。我们希望确保学生能够自信、独立地应对这些挑战，而不是陷入无助。核心技能有利于促进学生能力、同理心和反思性思维的形成。我们相信，专注于学生核心技能的培养，有助于学生在未来成功应对未知的挑战和困难。

社会情绪学习
——与基础教育有关的案例与建议

约翰·恩斯特龙

我曾在印度的戈代加讷尔山地小镇担任体育指导员，从事教学工作。在此期间，我接触到了社会情绪学习。我的教学对象绝大部分是来自南印度的十年级学生，我负责教授三门体育课。当时，我所教授的课程当中涉及体育健康这一新兴概念。

我的很多学生都是运动员，他们对体育运动非常感兴趣。我认为他们能够认识到健康的价值并且享受其中。当我解释到我们要先拉伸，之后再进行轻量举重，最后以慢跑结束课程时，课堂上一片怨声载道。

在这段时间里，我正在阅读由肯尼

斯·库珀(Kenneth Cooper)博士撰写的一本名为《有氧运动》的书。这本书非常有意思，深受读者欢迎。我决定改变我的教学方法，带领学生每天阅读这本书。阅读期间，我接触到了"训练效果"这一章。

通过对这一章的学习，我的学生了解到每天即使慢跑30分钟，都可以对血管、心脏功能以及大脑的血流量产生相当大的影响。这种锻炼方式可以增加大脑中的血流量，从而帮助学生在相对较短的时间内学习并且记住更多的信息；同时，这种锻炼方式可以延长学生的学习时间，使得他们不会昏昏欲睡。

当我读到这里的时候，学生们明显振奋起来。"这是真的吗？您可以再读一遍吗？"他们问道。"当然可以。"我答道，"相关研究已经充分证实这一点所言非虚。"这一新信息对他们产生了巨大的影响，因为他们非常执着于回顾课堂上学习的信息，同时希望可以提高自己的学习效率。在我们之后安排的慢跑及运动项目当中，他们都全力以赴参与其中！在为期6周的学习单元结束之后，绝大部分学生都可以很轻松地在为时35分钟的课堂当中完成湖边5000米慢跑。当时我们所在地的海拔高度为7500英尺(约2286米)。

当我回顾这段经历时，我开始意识到在课堂上进行社会情绪学习的重要性。也许这是第一次，我的学生可以将头脑中的知识与身体/情绪状态联系起来，并且以对他们有益的方式做出回应。他们学习的新知识可以帮助他们实现更高的目标。对于那些利用社会情绪学习，并且以积极的方式影响个人生活的学生，我非常开心，并且十分骄傲。

今天我的目标是向在座的各位介绍社会情绪学习，列举这一概念与基础教育相关的案例，并且给出我们可以在课堂当中发展社会情绪学习能力的建议。除此之外，还有其他的技能也会对生活方面的成功有至关重要的作用，这些都是社会情绪学习。

（1）自我意识技能帮助学生设定切合实际的目标，并且做出优质选择，这一点对他们的幸福感及学业进步至关重要。

（2）自我管理技能使学生能够专注于学习，避免分心，同时当他们在学业方面遇到挑战时，可以更加坚持不懈。

（3）社交意识促使学生与他人进行良性合作。现在的雇用者在对潜在的员工进行面试时，非常注重这些技能。

（4）所有儿童都必须学习关系技巧，这样他们才能在一起工作并成功处理矛盾与冲突。学生必须学会对自己的个人以及社会行为做出适当的积极选择。

（5）研究表明，负责任的决策会对学生的终身成就做出巨大贡献。

一、研究基础

最近有一篇文章介绍了 213 项在学校中开展的社会情绪学习项目的统计分析结果。该项目的研究对象为 270 034 名从幼儿园到高中的学生。与对照组相比，参与社会情绪学习的学生的社会情绪能力学习技能有明显的提升，他们的成绩高于对照组11%。上述研究结果进一步证实，社会情绪能力学习课程，会对各个年级的学生产生积极的影响。这一点可以充分支持将社会情绪能力学习项目纳入标准教育实践当中的必要性。

二、社会情绪学习是什么

（一）自我管理：冲动控制、自律、目标设定、毅力

1. 冲动控制

目前非常著名的棉花糖实验研究非常清晰地描述了冲动控制。这项研究的内容是：研究人员告诉幼儿园的学生，在他离开房间之后，他们可以吃桌子上的棉花糖。但是，如果他们等到研究人员回来再吃，他们可以得到另外一颗棉花糖作为奖励，但如果他们等不及，那么将不会得到额外的奖励。

该实验最初旨在研究儿童抵制诱惑的不同技巧，但是当研究人员沃尔特·米切尔（Walter Mischel）在20多年后查看数据时，他惊讶地发现学生们等待吃棉花糖的时间与后来他们的学术成就之间存在着显著的正相关关系。等待时间较长学生的SAT分数平均比无法等待学生的分数高210分。自我管理，终将得到回馈！

2. 自律

儿童心理学家吉尔·利不拉曼托（Jill Libramento）认为，自我控制与批判性思维及决策技能密切相关。当孩子能够控

制自己的情绪，停止他们的所作所为，审视他们的选择并明确其后果时，他们就会成长为负责任的成年人。

我的儿子逐渐长大，我和我的妻子意识到他在睡前不仅仅需要拥抱、爱和故事，还需要纪律、规则以及限制，并且需要学习"no"(不)的含义。同样，他还需要摔倒在地，学会起床，并且在没有父母的帮助下再一次独自尝试。更确切地说，他需要学习如何管理失败并从每次失败的经验中学习。显然，我们需要保护他免受外部世界的不良影响，但同时也要让他经历一些风险，这样他才能学会自律。

3. 目标设定

请允许我借助一个真实的故事来说明目标设定的重要性。故事的主角是来自大城市芝加哥学区的四年级教师多尔蒂(Dougherty)女士。这位女士因为擅长妥善处理那些难以激励的学生而享有盛誉，之后她被分配到另外一所新学校。多尔蒂女士毫不畏惧，欣然接受了这项工作。

然而，在新学校任职两个月后，她所教授的四年级学生在阅读和语言艺术考试当中取得了全年级的最低分。当时她有点气馁，但之后这位女士陪伴学生一起学习，帮助他们提高专注力。如果这些学生在下一次周期测试当中成绩没有得到改善，她会查看他们的智力测评分数，看看他们是否具备能够取得更好成绩的真正能力。

为了避免产生偏见，这位女士被禁止查看学生的智力测评分数，但这位女士不管不顾，坚持己见。她对自己了解到的信息感到震惊。她的班上几乎每个学生的测评分数都在105～130，这个分数非常高。她心里想道："我的学生有能力做到更好，因为他们在阅读和数学方面表现很出色。"她决定从那一刻开始"提高标准"，对学生提出更高的要求。

在接下来的几个月里，她退回了绝大部分需要进行进一步完善的论文，并要求学生每周进行理解测试。在下一个周期测试中，与其他班级相比，她的学生终于开始取得一些进步。她想："就像我怀疑的那样，在我让他们更努力地学习之前，我的学生非常懒惰，他们并没有学习的动力！"

年终考试结束之后，这位女士所教授的班级成绩在学区内最高。该校校长祝贺了她，并且问道："你的学生做得很好，你能和其他老师分享你成功的秘诀吗？"令人尴尬的是，多尔蒂女士承认道："实际上，我打破了学区的一项基本规则，那就是查看了学生的智力测评分数。我发现他们的分数都非常高，我认为他们的能力远远超出我当前的预期。所以，我提出了我的期望，正如我所想象的那样，学生的能力水平得到了提升。"

多尔蒂女士所在学校的校长简直不敢相信，问道："你能告诉我你看过的分数吗？"这位女士从橱柜当中拿出了她的班级档案，然后翻到她之前看过的页面。当她向校长展示时，校长笑着说："哦，多尔蒂女士，那些不是他们的智商分数，那些是他们的储物柜号码！"

当确定高目标之后，学生通常会通过专注及有纪律的自我管理来实现这些目标。

4. 毅力

尽管自律和冲动控制十分重要，但研究人员安吉拉·达克沃什（Angela Duckworth）表示这两点有其局限性。她在2005年出版了相关研究报告，报告当中的内容极具影响力。鉴于她的个人经历，她认为有一种特质可以驱使许多人达到意外的成就新高度，如果没有该特质，即使是最有纪律的人也无法做到这一点。她决定将这种品质命名为"毅力"。这个词语的意思是"对某项任务充满激情与热忱，并且坚定不移、尽心尽力地来实现这一使命"。

在她的后续研究中，达克沃什开发了一种测试毅力的方法。研究发现，在竞争非常激烈的情况下，毅力对成功具有显著的预测作用，甚至比智商得分更能预测成功，而智商得分与成功关系不大。她发现，这一点同样适用于在全国拼字比赛（National Spelling Bee）中名列前茅的孩子以及在西点军校（West Point Military Academy）接受训练的学员。

（二）自我意识：识别情绪、准确的自我感知、自信

之前，我负责教授过大学先修物理课，班上有一名患有ADD（注意缺陷多动障碍）的学生。由于身体方面的缺陷，他很少会上交自己的作业进行评分。他的母亲和我一直在努力解决他的缺陷问题。但是什么办法都没有用！终于，有一天，我注意到，他在帮助其他学生解决微积分当中特别困难的问题。虽然他没有完成他的作业，但他正在帮助其他人完

成他们的作业！在与他的母亲交谈后，我们决定与他达成"协议"。他知道如何解决最困难的问题，因此，我让他在每节课开始时演示解决方案，以替代他的作业要求。这一举措非常有用。他在每节课开始时都要去黑板前，展示并且解释集合中最困难的问题。学生们对此表示赞赏，他成了一名英雄。当他参加 AP（大学预修课程）考试时，他取得了 5 分（最高分），之后进入大学继续学习物理专业。现在，他在硅谷的一家初创公司担任电气工程师。

字典里面对"自信"的解释是"因个人对自己的能力或品质非常欣赏，而产生的一种自信的感觉"。虽然我们不希望学生变得傲慢、自夸，但我们真切地希望他们可以对自己有健康的认知，并且勇于应对前行道路上的挑战。

孩子们上学之后，教师有责任通过鼓励和表扬来帮助他们建立自信。对于不同性格特征的学生，教师应当具体对待。

"敏感"的学生可以成为一名出色的看护人。

"好辩"的学生可以利用这种能力为帮助他人而战。

"健谈"的学生可以成为一名高效的沟通者。

"专横"的学生如果学会善解人意，实行自我控制并建立健康的关系，他们就能成为一个强有力的领导者。

当然，这需要每位教师做出大量的工作并且有这种意识。教师应当了解每个学生的优点和缺点，并根据相关信息与他们区分开来。

（三）社会意识：同理心、尊重他人

1. 同理心

同理心这种社会情绪技能是每个年轻人都要培养的关键技能。它涉及同情（具有共同的感受和情感）和同理（理解、注意其他人的感受、思想以及经历，对其敏感，并且可以切身体会）。

当我们的学生还小时，我们可以培养他们的同理心。"不要打小狗，它会受伤并且害怕"，以此来表明即使是动物也是有感情的。"当你在地毯上被绊倒，别人嘲笑你的时候，你会有什么感受?"老师可能会问。我们可以通过在课堂环境中演练日常情况，来练习并强调同理心。一旦学生能够感受到另一个人的痛苦和伤害，我们就可以引导他们思考应当如何帮助别人减轻这种痛苦。

2. 尊重他人

当我在韩国工作时，我注意到这所英式学校操场的一侧有一个颜色鲜艳的长凳。它被命名为"友谊长凳"，并且已经存在了很多年。当我问询这个长凳的意义时，我了解到一旦操场上发生推拉、推搡或者欺凌行为时，这个长凳就会投入使用。那些参与上述事件的人，无论是因为什么原因开始的，都被要求坐在长凳上，直到他们能够互相道歉并"成为朋友"。当我经过这片区域时，我经常看到长凳上坐着人，教育效果非常好。它给我留下了深刻的印象，因为这是一种优雅但有效的解决方案，可以培养学生的同理心。

（四）对决策负责：识别问题、分析情况、解决问题、评估、反映

冲突管理涉及许多已经提到的社会情绪技能。它被定义为：对关系当中自然产生的冲突进行管理及解决的能力。当今世界迫切需要这种技能。如果学生能够及早掌握这项技能，那么当他们将这些技能应用于未来的生活时，将会获得丰厚的回报，其中包括他们的婚姻、事业和家庭。

在一些小学教室中，整个班级的同学齐心协力，共同制定了所有人都同意的"冲突管理"协议。在确定冲突并解决冲突时，他们有具体的应对步骤。有时冲突双方可能只涉及两三个学生，有时整个班级都陷入其中，该协议适用于种种情况。该协议要求我们的学生"停止冲突并反思自己"，从而以和平的方式解决冲突。

（五）关系技能：交流、建立关系

在我们的学生之间建立并且维持健康、富有成效并且有益的关系，这种能力当然是一个关键且影响深远的教育目标。关系技能极其重要，因为它可能会极大程度地影响个人在工作世界中做出贡献的能力，以及在婚姻、家庭和日常生活中维持成功的关系。

1. 交流

学生可以通过在课堂环境中练习积极倾听来学习沟通技巧。积极倾听旨在鼓励学生倾听他人所言，此外还要考虑他人的非言语行为所要表达的意思。当然，这二者对于理解传

达完整信息都非常重要。让学生在课堂上一起参加不具威胁性的听力游戏，这样就可以练习这种复杂的技能。

学生在培养自信的同时，也可以学习重要的社交沟通技能。作为一种交流方式，自信的特点是能够在尊重他人意见及权利的同时，自信而直接地表达自己真实的感受和态度。例如，对于青少年来说，以尊重的方式对其他人说"不"是很重要的。

最后，学生需要接受并练习非语言信息交流的技能。在人类互动交流的过程中，观察及思考非语言符号的能力非常重要，这是他们情商的标志。当口头信息和非语言信息不协调时，这种技能尤为重要。此外，掌握沟通的技能始终是重要的。人类行为的基本非语言信息包括眼神接触、说话语调、面部表情、手势、个人距离、肢体语言和姿势。

2. 建立关系

我的儿子史蒂文对海洋科学非常感兴趣，因此他决定前往离家 1500 英里（约 2414 千米）的地方读大学。他是我的第三个孩子，他的两个姐姐对他有求必应（或者说看起来似乎如此）。我们真的很想知道，他是否能够适应大学生活。那里离家如此之远，他在那里没有一个熟人。

新罕布什尔大学邀请所有新生在课程开始前 10 天到校。作为家长，得知这个消息我们很高兴。至于那些对远足、登山、露营及其他户外活动感兴趣的学生，学校邀请他们参加户外俱乐部。这个项目给新生提供了在优越环境下与新朋友建立关系的机会，而这正是我那害羞的儿子所需要的。

在准备了一天之后，一群 15～20 人的学生群体离开校园前往怀特山脉。那里是一片荒野地区，位于新罕布什尔州北部。经过 10 天的小组挑战，史蒂文带着许多新朋友回来了，其中一些人在 22 年后仍然保持着密切的联系。这段时间给他们带来了很多乐趣，他们在此期间非常兴奋。史蒂文在这个新环境中茁壮成长，主要是因为在早期自然、有效地建立了社会关系。

三、应用：我们应当如何在基础教育阶段让学生了解这些技能，并且给他们培养这些技能

在学校，富有洞察力的教师已经成功地采用了两套策略来培养社会情绪能力。第一种培养策略是在学生成长以及进行文化学习时，采用适当的方式进行直接的指导。

第二种培养策略是当学生在受监督、受管制的背景下，练习这种技能的时候，就像他们在学习新技能的时候一样，可以得到帮助与指导。教室环境经过精心设计，可以提供安全、贴心的学习环境。在理想的情况下，学生有机会为课堂做出贡献，他们可以体验到这种环境带来的归属感，并且增强学习动力。

总而言之，上述成分共同作用，可以增强学生的学习动力，并为他们培养一系列社会情绪能力，这些能力可以帮助学生在学术方面取得佳绩，行为方面举止得体，并且产生强烈的社会归属感。

四、总结

众多研究结果表明，社会情绪学习项目与积极成果密切相关，如改善个人对自己及对他人的态度，增加亲社会行为，降低风险行为，缓解情绪压力，以及提高学业成绩。

在传统及替代教育项目中，有越来越多的教育领导者开始意识到社会情绪健康并不是学习的奢侈品，而是先决条件！如果我们可以确保学生的社交情绪能力得到充分发展，并且可以为所有人理解，那么我们就可以提高学生的学习成绩，规范他们的整体行为！

基于上述种种原因，现在有越来越多的学校正在努力改善学校氛围以及社会情绪学习现状，以此作为提高学生学业成绩的方法。毫无疑问，这些变化将对学生、学校及其他方面产生积极的影响。

学生社会情绪健康与测量

——学校如何促进学生心理健康

亚伦·列侬

国内外有很多关于支持在校儿童和青少年情绪健康(emotional health and wellbeing，EHWB)的益处及其对儿童和青少年的表现、成就和行为的积极影响的研究。

一、什么是情绪健康

情绪健康是指我们相信自己，了解自身的价值。我们为自己设定可实现的目标，并寻求支持和帮助去实现目标。

我们能察觉到自己的情绪，明白其产生的原因。我们能处理情绪变化，表达和管理自己的情绪。

我们理解并明白如何处理他人的感受。我们知道何时该放手，控制自己不要反应过激。我们知道如何建立友谊和人际关系、如何处理人际关系中的变化。

我们明白每个人都会有焦虑、担忧或悲伤的时候。我们知道如何应对变化和问题、如何从中恢复，并能够向我们信任的人进行倾诉。

研究发现，过半的 14 岁青少年易患心理疾病，因此促进儿童和青少年心理健康至关重要。影响心理健康的风险和保护因素众多，包括个人、家庭、学习环境以及更为广泛的群体因素。事实证明，学习环境在保护和促进学生心理健康方面发挥着不可忽视的作用。

研究表明，教育和健康密切相关。因此，学校促进学生心理健康有助于提高学生学习成绩，促进其身心健康发展。在英国，许多学校推出了"康乐计划"，提出了"成长心态"等观念，并开始使用检测方法测定学生的心理健康状况。

由于因素间的复杂关系，我们很难得出关于此因果关系的确切结论。不过，研究证据表明：

(1)心理健康的学生更易于在学业上取得好成绩；

(2)形成有效的社交情绪能力有助于促进学生心理健康和取得更好的成绩；

(3)校园文化、风气及环境影响学生的心理健康和学习准备；

(4)学生的学习成绩和体育锻炼程度之间呈正相关关系。

学校是促进儿童和青少年情绪健康的重要环境。培养积极健康的情绪有助于学生理解和表达自己的感受，建立自信，增强情绪弹性，并最终提高他们的学习能力。

虽然儿童和青少年的情绪健康本身就很重要，但另有证据表明，情绪健康的儿童和青少年能够更好地学习和发展，从而最大限度地提高其学业成绩。因此，许多学校的教学体系把促进情绪健康视为教书育人的不可或缺的一部分。

英国的一项在线压力调查发现，在 18～24 岁的年轻人中，60％的人为了获得成功承受着巨大的压力，并感到无法应对压力。

（1）这项调查由心理健康基金会（the Mental Health Foundation）委托开展。调查还发现近一半的年轻人（47％）在身体外形上承受着很大的压力，因自己的外表而忧虑。

（2）近 6/10 的年轻人（57％）表示他们因害怕犯错而感到有压力。

（3）近 3/10（29％）的年轻人表示他们曾因承受高压有过自我伤害的行为。

（4）近 4/10（39％）的年轻人因压力产生过自杀倾向。

该研究由舆观调查网（YouGov）委托发表在《心理健康意识周刊》（*Mental Health Awareness Week*）上，该周刊由英国心理健康基金会运营出版。

此外，英国儿童事务专员在最近发表的一篇报告中声称，社交媒体正在将 11 岁小升初阶段的孩子推向"悬崖边缘"。

（1）该报告显示，许多七年级的学生发现社交媒体难以管理，为了在社交媒体上得到认同，过度依赖社交媒体的"点赞"和"评论"。他们渐渐意识到要保持在线形象，同伴的认同也变得更加重要。他们甚至为了符合在线形象，调整自己的线下行为。

（2）随着年龄的增长，学生越来越在意自己的在线形象，越来越注重"保持门面"。当他们开始关注明星及除家人、朋友以外的其他人时，这一情况会变得更加严重。这一群体在小升初阶段增长明显。使用社交平台，会让学生觉得自己不如他们关注的人，从而破坏学生对自我的认知。

（3）以牺牲其他活动为代价保持联系，使孩子们社交压力倍增——特别是在中学，整个班级的学生都有手机，都使用社交媒体。

（4）孩子因家长的"晒娃行为"倍感焦虑——家长未经孩子允许在社交媒体上发布他们的照片；孩子觉得即便要求父母把照片删除，他们也不会听。

二、学校应如何促进学生心理健康

学校可以通过以下方式促进学生心理健康：

（1）提供支持性文化、理念和环境，缓解学生应对困难的压力，运用个人、社会和健康教育（PSHE）策略，如培养学习能力、思维习惯和成长心态，帮助学生培养重要的生活技能；

（2）促进学生技能和品德发展，如培养学生自我管理能

127

力、同理心与团队合作能力(个人、社会和健康教育及品德教育的组成部分);

(3)家长/看护人和学区也起着至关重要的作用。他们不仅提供现场援助服务,如教育关怀支持系统、社会健康保健专业服务等,还提供远程链接和转介服务,使学生在更大的社区范围内得到更专业的心理健康援助服务。

事实表明,采取这种多层次全面的"整体组织"或"整体系统"式的干预措施,效果更好。

学校和学院为什么要检测学生的心理健康状况?

学校和学院检测学生的心理健康状况主要有三大目的。

(1)快照:提供学生心理健康状况调查快照,为学校的整体教学规划提供参考。

(2)识别:尽早识别受心理健康问题困扰的学生,使其尽快接受专家援助。

(3)评估:考虑早期援助和有针对性干预措施的影响。

这三个不同的目的并不是全部的目的,彼此有重合的部分,也并不是绝对独立的。分析主要目的有助于指导我们开展下一步工作。

在选择恰当方法检测学生心理健康状况前,我们需要先考虑以下 7 个步骤。

(1)原因:该方法用于鉴定所有研究对象整体的需求或优势,而不是特定个体。这种方法起着"体温检测"的作用,用于测量学校和学院内学生心理健康状况。它可用于学校、学院、学校集群甚至更大范围（如整个学区）的预防组织工作，为规划决策提供参考。

（2）定义：心理健康测量方法涵盖许多领域，学校需要根据实际情况选择要关注的领域；应考虑避免给学生或教职员工带来不必要的负担，对学校可影响的领域进行评估；在选择学生感兴趣的领域时，考虑可能采取的后续行动也至关重要。

（3）对象：一般大多数学校和学院主要使用学生自我报告的调查方式。虽然调查范围扩及教职员工、家长、学生，负担过重，但考虑这些不同观点是有价值的。

调查可能会在全体师生或抽选对象中进行，调查开展前考虑好以下因素很关键：①哪些学生会参与调查；②如何才能获取充分的数据，足以说明问题；③调查信息是否匿名；④是否需要得到参调学生的同意；⑤是否符合伦理道德，以及如何存储数据；⑥如何与家长和看护人沟通调查内容。

（4）时间：应该尽量避免紧张的特殊时期（如考试）。因为特殊时期可能会对报告得出的学生心理健康水平产生影响。调查可以是一次性的，也可以每年或每半年进行一次。我们可以对学生重复检测，进行纵向追踪研究，即在不同受教育阶段，对同一批学生进行定期考查研究，或对同一受教育阶段的学生采取定期快照（例如，每年对七年级学生开展调查）。无论采取哪种方式，我们每次都应在每年的同一时间进行调查，以确保调查结果具有可比性。

（5）下一步：接下来，我们可以追踪调查信息，或者将调查信息与其他学校和学院的进行比较。

（6）原因：一些学校或学院可能以学生个体或学生的心理健康检测评分为依据，识别那些需要特别帮助的学生。心理健康状况识别一般用于检测心理健康问题，而不是积极心理健康状况，但积极心理健康得分低可以作为发现问题和提供早期援助的指标之一。英国公共卫生部（Public Health England）强调，要将"有针对性干预和相应转诊措施"作为采取的系统方法促进学生情绪健康的八项原则之一。

（7）定义：许多方法可以用于识别需要有针对性干预援助的学生。例如，教师、辅导员或学校医护人员，列出可能有心理健康问题的学生，识别那些受常见心理疾病诱因困扰的学生，以及使用心理健康调查问卷进行筛查。为了更有针对性地干预学生心理行为，促进学生心理健康，英国教育部（DfE）颁布了心理检测指南。英国教育部强调使用"渐进式方法"定期检验指南内容的有效性，并在必要时做出适当调整。

该指南特别强调了两个因素的重要性。

（1）有效使用数据。例如，使用筛选工具：儿童和青少年长处与困难调查问卷（SDQ）、自我形象侧写或心理弹性量表。

（2）建立有效的教育关怀支持系统。其中至少有一名教职员工熟知学生，这样才不会忽视学生不断恶化的行为或心理健康状况。诸如 SDQ 之类的筛选工具不建议单独使用，这些工具需要和教职员工对学生的了解结合起来使用。另外，检测结果也可以通过与儿童或青少年的谈话反映出来。以"病例发现"为目的进行调查的学校和学院主要使用 SDQ，但也有一些选择使用措辞听起来比较积极的检测工具，如沃里克—爱丁堡心理健康量表（WEMWBS）、斯特灵儿童幸福感量表（SCWS）。

三、为什么学生的心理健康状况很重要

在英国平均每班 30 人的 15 岁学生中：

（1）3 人可能患有心理疾病；

（2）10 人可能目睹过父母离异；

（3）1 人可能经历过父亲或母亲离世；

（4）7 人可能经历过欺凌；

（5）6 人可能有过自我伤害行为。

英国教育部认为，"为了让学生取得成功，学校需要发挥作用，帮助学生提高情绪恢复能力，促进心理健康"。有充分证据表明，这一观点是正确的。儿童和青少年自己也表示想要更多地了解如何保持自己的情绪健康。

儿童的健康受很多因素影响，包括他们的主观感受，以及生活中社会、身体和心理方面的影响。

因此，学校是影响学生整体心理健康状况的关键场所。儿童和青少年身心健康有助于他们从高质量的教学中获益，充分发挥自身的学习潜力。

英国首席医疗官在一篇有关儿童健康的报告中称："促进学校学生身心健康有助于形成良性循环，推动学生茁壮成长，充分发挥自身潜能，提高成绩，而这些又会反过来促进学生身心健康。"

学业上的成功会对学生生活满意度产生很强的正面影响，并与学生成年后更高层面的健康与幸福感密切相关。

学生的身心健康反过来又会影响他们在学校的行为和参与度，影响他们学习能力的获得。

英国研究得出以下几项重要依据。

（1）青少年的生活满意程度与其在普通中等教育考试中（普通中等教育考试：GCSE，即英国面向全国 15～16 岁学生的公共考试，考试采取单科结业的办法，考生一般可选 10～15 门课程，成绩从 A＋到 G 分为八个等级，对学生升学和就业都具有重要作用）是否取得好成绩（以 C 或 C 以上的成绩至少通过 5 门课程）密切相关。

（2）英国教育部发布的一项研究发现，学生的健康程度能预测出他们后期在学校的学业进步程度和参与度。例如，与情绪健康状况较差的学生相比，情绪健康状况较好的学生，在关键阶段 2（三至六年级，7～11 岁）成绩提高较快，得分高出 2.46 分（相当于超过一个学期的进步程度）。

（3）教育部研究还发现，注意力强的学生在四个关键阶段（关键阶段：Key Stage，是英国公立学校系统对各年龄阶段学生知识学习预期的安排，包括 0～5 六个阶段）进步更快。例如，注意力较强的 13 岁学生在普通中等教育考试中，总成绩较高。与注意力较差的学生相比，总成绩相当于至少高出了一个 A＋的成绩(至少高出 63.38 分)。

社会情绪能力学习可以对学生成绩产生积极影响。

情绪可以促进或阻碍学生的学习能力、学业投入度、职业道德及最终学业上的成功。一些特定的社会情绪能力对学习成绩提高具有积极影响。

(1)对自己学习有信心并且具有"成长心态"的学生(他们相信可以通过付出和努力，锻炼自身的生活必备能力)，对风险的抵御能力强。

(2)能够设定目标、管理压力、安排学业的学生，分数更高。

(3)能够使用解决问题技能克服困难的学生，学习成绩更好。

我们发现，社会情绪能力是比智商更重要的学力决定因素。一项关于情绪弹性课程的研究发现，学生的出勤率和得分率会有短期改善，特别是那些可以获得学校免费餐的学生，还有那些数学和英语成绩低于全国水平的学生。

因此，学校的社会情绪学习课程有助于年轻人获得所需技能，取得学业进步，有利于学生身心健康，给学校设立此类课程投入的资源和时间带来了显著回报。重要依据如下。

(1)国家标准成绩检测成绩提高 11％，与开设促进学生社会情绪能力学习的课程相关。

（2）学生学力的提高，与在全校范围内面向全体学生实施有关社会情绪能力学习的措施相关。

四、校园文化、风气及环境影响学生的心理健康和学习成绩

教职员工和学生在每个工作日花费大量时间待在学校，他们所处的这种物质和社会环境可能对他们的身体、情绪和心理健康产生深刻影响，与此同时，影响他们的学习成绩。师生及同学间的积极关系在促进学生身心健康及避免危险行为方面起着至关重要的作用。学生的学习成绩与其对学校的归属感和感情程度密切相关。

学生之间的人际关系和社交互动也是学习成绩的重要预测因素。

课堂问题行为会直接影响学生的学习成绩。校园欺凌是学生心理健康状况的重要预测因素之一。在小学后期遭受欺凌极有可能导致学生中学阶段成绩较低。

学生觉得安全且校园欺凌情况较少的学校的归属感较高，而且这些学校更有可能取得成功。

一些学校的组织特点可能会积极地破坏学生和学校的关系。例如，学校允许学生参与决策的程度小，这可能会导致一些学生觉得自己和学校并不是休戚相关的。重要依据如下。

（1）那些 11 岁时称自己享受学校生活的学生，在关键阶段 3 学习成绩更好，尤其是数学。

（2）那些 14 岁时对学校抱有积极态度的学生，16 岁时学习成绩与同期相比更高。

（3）英国一项研究发现，13 岁时学校参与度较高的学生，在关键阶段 3 至关键阶段 4 期间学习进步更大。该研究强调了中学阶段学校关注学生学力的重要性。

（4）遭遇过校园欺凌的学生在英国国家课程标准评估测试第一阶段测试中成绩较低，并且更可能结交具有反社会倾向的朋友。

（5）14 岁时遭遇校园欺凌的学生，在 16 岁时 GCSE 成绩明显比较低。

五、积极的健康行为与学习成绩

（1）经常进行有氧运动的儿童和青少年的学习成绩更高。

（2）运动的强度和持续时间都与学习成绩的提高有关，包括 15 岁时的 GCSE 成绩，尤其是女生的科学成绩。

（3）体育运动与改善整个学校的课堂行为有关。

（4）其中最显著的是，有助于增强学生的亲社会行为和同伴关系，从而减少课堂问题行为。

（5）参与课外活动也会对学习成绩产生积极影响。

有三项研究显示，饮食与学习成绩之间可能有联系。但是，由于学校环境中其他很多因素也会影响学习成绩，因此难以确定饮食与学习成绩间的因果关系。

有证据表明，与不吃早餐相比，吃早餐会对短期认知和记忆产生积极影响，但这种影响可能取决于评估的类型。早餐俱乐部能为没吃早餐的学生提供早餐。作为学校干预措施的一部分，这一举措有助于提高学生出勤率，增强学习准备。重要依据如下。

（1）英国一项研究发现，11岁时参与中等到剧烈强度体育锻炼的学生，在11岁和13岁时，其英语、数学、科学成绩会有所提高，最后的GCSE考试成绩也会较高。

（2）11岁时，女生在中等到剧烈体育锻炼中花费的时间比重，可以预测出其在11岁和16岁时，科学成绩提高的分数。

（3）参与自我发展活动（包括运动、体育活动）的学生，其GCSE考试分数会比其他学生高出10%～20%。

（4）在全校范围内推行免费健康餐的学校，其学生在关键阶段1和关键阶段2中，学习成绩有所提高，特别是对于先前成绩较低的学生。

六、识别学生心理健康状况、自我形象认知及心理弹性的方法

自我形象侧写（SIP）是一种简短的自我报告方法，可以挖掘个人的自我认知。该方法有两种形式：SIP-C和SIP-A，其中SIP-C适用于7～11岁的儿童，SIP-A适用于12～16岁的青少年。

SIP方法使自我形象可视化，儿童或青少年在完成测试的同时，能够向自己和临床心理医生展示他们分析自我的方式。SIP还提供了一种自尊测量方式，可以根据"我是怎样

的人"和"我希望成为怎样的人"的等级评分差异来评估计算。

（一）巴特勒自我形象侧写

巴特勒自我形象侧写是一种简短的自我报告方法，提供自我形象和自尊的可视化展示，深挖个人的自我认知；通过让学生思考"我是怎样的人"和"我希望成为怎样的人"，获得多种自我构建方法。该方法有 25 种常见自我描述，其中有12 种是积极倾向描述（如快乐、友善），12 种消极倾向描述（如懒惰、喜怒无常），还有一种关于差异感的描述（感觉与他人不同）。这些所有的描述都来自儿童或青少年。测试参与者通过一份 0～6 分（代表"很不同意"到"非常同意"不同等级）的量表来反映"他们认为他们自己怎样"及"他们希望自己怎样"。

SIP 提供了一种对自我形象的衡量方法。参测者首先进行"现实自我"的测评，通过使用李克特七点量表，对其中25 个条目进行选择，来反映"我是怎样的人"；其次进行"理想自我"的测评；最后对相同的 25 个条目做出选择，来反映"我希望成为怎样的人"。"现实自我"和"理想自我"的评分差异可以用来评估参测者的自尊水平。

分数越高越应该引起注意。

（二）儿童和青少年心理弹性量表

该量表旨在系统识别和量化青年人心理弹性的核心素质，而这些素质在他们用自己的话表述自己经历时可以表现出来。心理弹性量表认可外部事件的重要性，认为孩子对外部世界的感知非常重要。心理弹性量表由三个简短的自我报告分量表构成，用来确认 9～18 岁儿童和青少年的感知优势领域和劣势领域。每个分量表分别关注一个领域的心理弹性：掌控感、关系感和情绪反应。

分数低于 45 的部分可能要引起注意。

（三）掌控感分量表

掌控感分量表是一份由 20 个条目构成的自我报告调查问卷，包含三部分相关内容：

（1）乐观精神——对整个世界/人生及当前和未来生活的积极态度。

（2）自我效能——个体克服障碍或困难的方式及制定问题解决策略的能力。

（3）适应能力——灵活变通，善于接受批评，善于从错误中吸取教训的能力。

（四）关系感分量表

关系感分量表是一份由 24 个条目构成的自我报告调查问卷，包含四部分相关内容。

（1）信任——接受他人，认为他人可靠，以及他人在关系中的可信程度；

（2）支持——面对困境时，个人相信有人能为自己提供帮助；

（3）舒适——与他人相处融洽，可以缓解个人生活中的压力；

（4）宽容——个人相信自己可以在关系中毫无顾忌地表达差异。

（五）情绪反应分量表

情绪反应分量表是一份由 20 个条目构成的自我报告调查问卷，包含三部分相关内容：

（1）敏感度——反应阈值和反应强度；

（2）恢复力——从情绪唤醒或情绪失衡中恢复的能力；

（3）损伤度——青少年在情绪被唤醒后能够保持情绪平衡的程度。

（六）长处与困难调查问卷

SDQ 是一份针对 2～17 岁儿童和青少年的行为筛查问卷。它有多种版本，可满足研究人员、临床医生和教育工作者的不同需求。每个版本包含 1～3 个组成部分，有 25 项关于心理特质的条目。

SDQ 的所有版本都会有大约 25 个条目，其中一些是正面的，一些是负面的。这 25 个条目分为 5 个方面：情绪症状（5 个）、行为问题（5 个）、多动或注意力不集中（5 个）、同伴关系问题（5 个）、亲社会行为（5 个）。

七、总　　结

任何一种测量方法都必须与教师对学生的观察和相关医疗专家的意见结合起来。心理健康状况识别能够为"漏网"的学生提供帮助，为学校提供识别个人需求的机制，有助于形成促进学生心理健康的校园风气，从而提高学校社会效益和学术成就。

许多学校想要使用这些量表，用量化的方式识别出那些需要心理援助的学生，那么学校领导需要考虑以下问题：

(1)学校如何了解学生群体的优势和劣势？

①他们如何知道谁可能需要更多援助？

②他们如何知道这种援助是否有帮助？

(2)为什么要评估结果？

①了解学校的情况；

②验证措施有效性；

③持续改进；

④支持人际互动。

(3)如何选择恰当的测量方法？

(4)你想实现什么目标/想了解什么？哪些方法可以帮助你实现这一目标/如何帮你实现这一目标？

八、对政策和实践的启示

心理弹性包含的能力在任何年龄阶段都可以加强。有益于健康的适龄体育运动也可以提高情绪恢复能力。例如，定期的体育锻炼、减压活动及有益于增强自我调节技能的课程，均有助于提高学生对困难的应对和适应能力，甚至预防困难的发生。

研究已经确定了一系列因素，能够帮助学生在面对重大困难时取得积极成果。个体在面对不同困难时，可能会调动不同的恢复能力。目前，随着社区和家庭不断强化这些因素，学生的心理弹性在多元语境下得到优化。这些因素包括：

（1）建立支持性的成人—儿童关系；

（2）采取支架式教学，使学生建立自我效能感和控制感；

（3）帮助学生加强适应能力和自我调节能力；

（4）加强信念和文化的支撑作用，保持对生活的希望，维持情绪稳定。

学校可以采取"全校性"的干预方法，通过设立相关课程和提供安全的支持性环境，帮助儿童和青少年学习他们所需的知识和技能，培养乐观的态度和积极的价值观，从而促进他们的情绪健康。向学生讲授情绪健康知识也有助于他们提高对情绪健康的认识和理解，明白情绪健康与他们密切相关，使他们做好充分准备，在瞬息万变的世界中更好地实现自身的价值。

后　记

　　本书共收入全球基础教育研究联盟第四届年会中外专家的发言 15 篇。选编之中，我们尽量保留会议发言风格，对篇幅过长的发言进行了删节，订正了明显的文字错误，做了统一体例等技术性的工作。

　　同时，按照出版要求，我们对不规范的注释进行了修改；对于外文注释和参考文献，因版本信息不全，并且查不到原书，我们对其进行了删除。

　　读者如发现本书存在缺陷或不足，望不吝赐教！

编者
2021 年 3 月 1 日

图书在版编目（CIP）数据

全球视野下的学生健康教育／强新志主编. —北京：北京师范
大学出版社，2021.5（2022.7 重印）
　（全球基础教育研究联盟蓝皮书）
　ISBN 978-7-303-26634-0

　Ⅰ.①全…　Ⅱ.①强…　Ⅲ.①学校教育－健康教育－研究
Ⅳ.①G479

中国版本图书馆 CIP 数据核字（2021）第 010005 号

联 系 电 话　010-58807068

QUANQIU SHIYE XIA DE XUESHENG JIANKANG JIAOYU
出版发行：北京师范大学出版社　www.bnup.com
　　　　　北京市西城区新街口外大街 12-3 号
　　　　　邮政编码：100088
印　　刷：三河市兴达印务有限公司
经　　销：全国新华书店
开　　本：710 mm×1000 mm　1/16
印　　张：9.5
字　　数：91 千字
版　　次：2021 年 5 月第 1 版
印　　次：2022 年 7 月第 2 次印刷
定　　价：60.00 元

策划编辑：郭兴举　鲍红玉　　责任编辑：梁宏宇　朱冉冉
美术编辑：李向昕　　　　　　　装帧设计：李向昕
责任校对：康　悦　　　　　　　责任印制：马　洁

版权所有　侵权必究
反盗版、侵权举报电话：010-58800697
北京读者服务部电话：010-58808104
外埠邮购电话：010-58808083
本书如有印装质量问题，请与印制管理部联系调换。
印制管理部电话：010-58805079